国际儒学联合会资助出版

中华文化
新读

拥书万卷面百城

韦力 著

四川人民出版社

图书在版编目（CIP）数据

拥书万卷面百城 / 韦力著. -- 成都 : 四川人民出版社, 2022.11
ISBN 978-7-220-12850-9

Ⅰ. ①拥… Ⅱ. ①韦… Ⅲ. ①藏书－文化研究－中国 Ⅳ. ①G259.29

中国版本图书馆CIP数据核字（2022）第183381号

YONGSHU WANJUAN MIANBAICHENG

拥书万卷面百城

韦力 著

出 版 人	黄立新
责任编辑	张 丹
特约编辑	刘净植
封面设计	蔡立国
内文设计	毕梦博
内文排版	吴 磊
责任印制	祝 健
出版发行	四川人民出版社（成都市三色路238号）
网 址	http://www.scpph.com
E-mail	scrmcbs@sina.com
新浪微博	@四川人民出版社
微信公众号	四川人民出版社
发行部业务电话	（028）86361653 86361656
防盗版举报电话	（028）86361653
印 刷	成都国图广告印务有限公司
成品尺寸	130mm × 200mm
印 张	10.75
字 数	174千
版 次	2022年11月第1版
印 次	2022年11月第1次印刷
书 号	ISBN 978-7-220-12850-9
定 价	72.00元

图书策划：活字文化

目录

序

本书所收录的篇什多是关于古代私人藏书家和藏书楼的故事及事迹。

“藏书”一词早在战国时期就已经出现，《庄子·天道》曰：“孔子西藏书于周室。”为此孔子被视为中国最早的私人藏书家。对于藏书的重要性，吴晗先生在为《江苏藏书家小史》所写序言中说：“学者苟能探源溯流，钩微掘隐，勒藏家故实为一书，则千数百年来文化之消长、学术之升沉、社会生活之变动、地方经济之盈亏，固不难一一如示诸掌也。”由此而揭示了一部藏书史，其实就是一部文化史。

就藏书属性来论，中国古代藏书可以分为官府藏书、寺院藏书、道观藏书、书院藏书及私人藏书几大类，相比较而言，只有私人藏书最有韧性，最能连绵不绝。自周代之后，中国历代几乎都有官府藏书，但每遇朝代更迭，因为官府藏书集于一处，在战火纷飞的年代极易被毁。而私家藏书分散于各个角落，虽然也被战火波及，但总有劫余留存。因此流传到今日的历代典籍，大多是由私人藏书家保留下来的。中国自古以来视印章为印信，因此钤在书上的藏书印最能体现典籍的递传，如今我们通过书上的斑斑朱记，就能了解到有哪些藏书家费尽千辛万苦将这些典籍递传了下来。

秦始皇的焚书坑儒，应该是中国藏书史上第一次大厄运，但即使在那样的严酷刑罚下，仍然有不少爱书人冒着生命危险将儒家典籍密藏起来。汉朝建立后，这些书籍再现人间。此后社会上又涌现出更多的藏书家，比如河间献王刘德、蔡邕等，他们都有很大的藏书量。魏晋南北朝时期，虽然政权更迭，战争频繁，但社会文化依然在进步，纸质图书的普及促进了私人藏书的发展，从魏到隋三百余年间，也出现了不少的藏书家。隋朝历史虽然不过三十多年，但同样有多位重要的藏书家出现。进入唐代，受到社会政治文化相关因素的影响，出现了更多的藏书家。

宋代重文轻武，皇帝多次下诏从民间征书，再加上雕版的普及，使得私人藏家规模空前，藏书量达万卷以上的大藏书家超过了二百人。元代统治者不重视汉文化，致使元代藏书家远不及宋代。但进入明代之后，又有了一个大发展，一些藏书家的藏书量已达十余万卷，尤其到明代后期藏书风气普及，因为对版本的重视，开始出现了古书造伪行业，由此标志着善本文物性的确立。

在整个封建社会，藏书数量最多、藏书质量最高的时代当属清代，如今已知的清代藏书家数量超过了清以前历代藏书家的总和。这些藏书家为了收集典籍，殚精竭虑，不仅建造藏书楼来收藏典籍，还将这些典籍分类插架，制定严格的借阅制度。为了保护这些典籍，他们制定防火措施，在每年固定的季节将藏书拿出来曝晒，以使这些典籍历久不蠹。

藏书家们不仅仅是典籍的保护者，还是文化的传承者，有不少的藏书家都会校刊典籍，甚至将其整理出版，刊刻了许多著名的丛书。比如明末的毛晋汲古阁，用了几十年的时间刊刻出“十三经”“十七史”“六十种曲”“津逮秘书”等大量的丛书合集。清代也出版了很多质量上乘、校对精细、刊刻精美的丛书，比如黄丕烈的“士礼居丛书”、鲍廷博的“知不足斋丛书”、陆心源的“十万卷楼丛书”等等。正是他们的努力，斯文得以不绝。

《尚书》有云：“惟殷先人，有典有册。”可见早在殷周时期，人们已经明白书籍与文化之间的重要关系。当年周景王问晋太史籍谈的姓氏来源时，籍谈回答不上来，周景王说了句："籍父其无后乎？数典而忘其祖。"于是就有了"数典忘祖"这个成语。我们今日以中华民族悠久的历史为傲，正是因为历代藏书家前赴后继保留了先民的典册，才让我们能够详知历史的辉煌。因此，我们更不应当忘记那些传承典籍、保护典籍的藏书家们。虽然本书中提及的藏书家仅几十位，他们远远不能涵盖古代藏书家的全貌，但这些藏书家的故事却代表了中国历代藏书家的精神，正是出于这种想法，我选择了将他们的故事与大家分享。

壬寅年四月上浣韦力序于芷兰斋

书楼

天一阁：递传最久，名扬华夏

天一阁乃中国现存最早的藏书楼，其神圣地位在近两百年来受到了业界的广泛夸赞。我第一次来到天一阁还是二十多年前的事情，当时在馆门口见到了馆长骆兆平先生，我们站在门口谈论了一些中国现存藏书楼的情况，骆馆长在举手投足间所表现出的谨严之色给我留下深刻印象。

此后的一些年，又在某次会上得以结识天一阁的后任馆长虞浩旭先生。虞馆长办起了《天一阁文丛》，蒙其厚爱，将我列为编委，由此而让我与该馆的交往渐渐多了起来。

2017 年我在天一阁搞了一场讲座，原本想借机对天一阁进行深度游，但因为时间安排得太过紧凑，来不及进天一阁内观览一番。而此次讲座的主要收获，则是结识了天一阁博物馆现任馆长庄立臻和副馆长郑薇薇两位女史。

2018年4月23日，我前往宁波地区访古，向庄馆长提出不情之请，告诉她我想参观一下该馆的书库。转天一早，我在天一阁门口再次见到了庄馆长，她带我走进了在天一阁正门外侧建立的古籍阅览室，此室的匾额则为“待访楼”。

这是一座仿古的两层建筑，一楼有不少的人通过电脑在查询史料，二楼则建成了接待室的模样。在这里庄馆长提到了天一阁下一步的宏大计划，令我听来也同样大受感染，真心希望中国这座现存最古老的藏书楼能够越发地壮大，其影响力在国际和国内传播得更为广泛。

天一阁善本部主任饶国庆先生继续带我参观，与饶主任的上一次相见已是在十年前，此番相见，依然觉得亲切异常。

天一阁虽然已来过几次，但我每次走到此阁的门前，心中都会微微有些小激动。在我心中，天一阁已然是中国古代藏书楼的代表。虽然当天是星期二，但参观的人们依然成群结队，这跟我前些年见到的情形大不相同。由此说明，天一阁的名声已经得以更广泛地传播，虽然大多数游客只是走马观花，但书文化所产生的潜移默化之功已然进入他们的心里。我真想向庄馆长提议：把天一阁门前的“南国书城”匾额换下来，改写为“中国书城”或者“华夏书城”才更为名副其实。毕竟天一阁是中国留存至今最古老的一座藏书楼，这个地位无人可以撼动，用今天流行语来说，是“没有之一”。

天一阁的正门前有一堵影壁墙，此墙以高浮雕的形式做了装饰，其图案虽然是一幅山水画，然其制作工艺非雕非塑。饶主任向我简明扼要地讲述了这件作品的制造手法，原来这也是一门独特的工艺，以我听来，其制作手法依然属于“塑”而非“雕”。但这种工艺在室外并无遮挡，能够坚持多久，我对此略表怀疑。天一阁的英名正因一个“久”字，我真希望与天一阁有关的一切都能长长久久。

影壁之前有一尊铜像，端坐在那里者正是天一阁的创建人范钦。

从范钦的生平履历来看，他的藏书全靠个人收集，并未见有祖上传承的记载，而他的任职经历似乎跟藏书也没有关联。明嘉靖十一年他考中了进士，而后任湖广随州知州，之后又任过工部员外郎，以及江西袁州府知府，此后他还任过福建按察使、云南右布政使等。但他为何喜好藏书，却未见到相应史料。骆兆平编纂的《天一阁藏书史志》，在“人物志”部分谈到范钦藏书时则称：

天一阁正门

范钦铜像

范钦爱读书和藏书，宦迹所到之处均留心收集典籍。归里后，更集中精力从事抄书、校书、刊书等文化活动。明人沈一贯说“司马公于书无所不蓄”，嘉靖四十年(1561)至四十五年(1566)间，范钦在宅东建天一阁，藏书七万余卷。

其实我还是想了解，范钦在各地当官的过程中为何要留心搜集典籍，当然这种探究近似无聊：喜好就是理由，这就如同太多的人喜欢搜集其他物品一样，不必一定要找出个理由来。然而范钦的藏书却几乎跟其他藏书人的视角都不同：在他那个时代，搜集宋元本应该不难，一者明嘉靖年间距宋元时代与我们今天距他的时代相仿佛，时至今日搜集明嘉靖本虽然不能说是唾手可得，但稍微下些功夫还是能够收到一定的体量，这样推论起来，范钦那个时代宋元本并不十分稀罕；二者他也是位高官，在各地当官多年，买书的钱对他而言应该不是问题，然而他却不买宋元本。

按理来说，绝大多数藏书人都有着取法乎上的本能，也就是尽量地搜集时代更久远的典籍。因为这样的典籍当然比当世出版物要留传稀少。然而范钦在收书过程中，却把重点放在了当世出版物，如何解读他的这种行为？因为他本人的想法未见文献记载，故只有任凭后世作出猜测。

民国二十年，赵万里先生前往宁波一星期，在这期间，他两上天一阁，而后写出了一篇《重整范氏天一阁藏书纪略》。赵先生在这里跟一些工作人员基本翻看了一遍天一阁所余之书，他发现天一阁的所藏以史部为主，其中地方志以及登科录、乡试录留存最多，这些书则大多为其他馆所未备。天一阁藏书的价值由此而凸显，但问题就来了：当年范钦为什么会有这样的藏书思想呢？赵万里在该文中写道：

> 当年范东明选书的标准，与同时苏州派藏书家，完全采用两个不同的方式，他是“取法乎下”的。明以前刊本书籍，很少受他收容，除了吴兴张氏藏的宋小字本《欧阳文忠公集》是天一阁旧藏外，很少有此例外。惟其如此，明人著述和明代所刊的明以前古籍，因他保存了不少。换言之，天一阁之所以伟大，就在能保存朱明一代的直接史部。

范钦的伟大之处，正是因为他独特的藏书视角给后世留下了第一手的原始史料，然而这是他当年的目的所在还是歪打正着呢？我将这个问题抛给了饶主任，他告诉我范钦藏书包含了他的政治抱负，因为他正是通过这些史料来了解民情的。看来范钦心怀鸿鹄之志，他究竟想干什么，可惜饶主任还未来得及回答我的问题，就被路遇的熟人打招呼而岔开了话题。

看罢范钦的雕像，由右侧继续向内走，见到的第一座仿古建筑乃是东明草堂。此堂旁的说明牌上有如下介绍：“范钦性喜藏书，自嘉靖九年开始藏书活动，他宦游四处，悉心求购。东明草堂系天一阁建成之前范钦的藏书处，因范钦号东明，故题其书室为‘东明草堂’，又称‘一吾庐’，现东明草堂于一九八〇年重建。”

走进东明草堂，里面布置成了客厅的模样，此厅给我以庄严肃穆之感。而正堂的右侧则布置成了书房的模样，这里有一架书，从书根的颜色可以看出乃是仿造品，但饶国庆告诉我，这里摆放的几个书匣都是旧物。我对书匣及书箱都有偏爱，只要看到就觉得亲切。这里的几个木匣，我推测是晚清民国之物，无论其材质还是刻字方式，都能透显出原藏主对这些藏本的挚爱之情。

而后转到了天一阁门前，其实天一阁只是范家的藏书楼，因为该楼太有名气，以至成为整个范氏庄园的代名词。二十年前我来此阁时，可以进入一楼参观，

东明草堂前的影壁

东明草堂内的旧书匣

到如今门前已经拉起了隔挡线，当然这种举措乃是为了保护天一阁不受到更多的磨损。隔着拦线望进去，正前方摆放着范钦的胸像。这尊雕像看上去有些太过严肃，范钦目光炯炯地瞪着进楼之人，不知道是否不喜欢人们入楼内来看他的书。

关于天一阁创建于哪一年，其实难以查到确切的年份，但却可以大致计算出此楼建于明嘉靖末年。马涯民在《天一阁记》中有如下推断："天一阁的创建，大概在明嘉靖四十年（1561 年）范钦不去做兵部侍郎而回家隐居以后，嘉靖末年（嘉靖四十五年，公元 1566 年）以前，这六年之间。确在哪一年建，现存已无从查考了。范钦的书室，本来叫'东明草堂'，也叫'一吾庐'。他回家以后，阅览所藏的碑帖，偶然检得元朝揭傒斯所作《天一池记》碑拓本，记中引汉郑玄注《易经·系辞传》大衍句有'天一生水，地六成之'的言语，他以为如果把藏书楼的名字叫'天一'，可借以水制火的意义，就可以永远不致烧毁。"

如果以明嘉靖四十年计，到如今这座书楼已有了四百六十余年的历史。而关于楼名的来由，此段话举出了两个方向，两者都跟范钦看到了元代揭傒斯所作《天一池记》拓片有关。《天一阁文丛》第 5 辑所载王宏星《"踏着范钦的足迹江西行"考察记》一文，则对此进行了田野调查式的确认。

2006年12月，天一阁举办了“第三届中国藏书文化节”，而此节的其中一个项目则是到江西寻访范钦的遗迹。考察的第一站是江西鹰潭市的龙虎山大上清宫，前往此处考察的目的，“是要搞清楚天一池的位置及它与天一阁的关系”。王宏星猜测：“天一阁在浙江宁波市月湖景区西岸，天一池地处江西鹰潭市龙虎山景区的大上清宫中，两者相隔遥远，是四百多年前明代进士出身的宁波人范钦使两者之间在文化内涵上有了一定联系。”

进行这样的考察，则源于全祖望在《天一阁碑目记》中的一段介绍，此记说范钦在搜集碑帖拓本时，“忽得吴道士龙虎山天一池石刻，元揭文安公所书，而有记于其阴，大喜，以为适与是阁凿池之意相合，因即移以名阁”。而全祖望的这段介绍应当是马涯民在《天一阁记》中所写的原本出处。王宏星等人经过一番实地考察，而后得出的结论是：“过去天一阁藏书楼定名多认为出于《周易》中‘天一生水，地六成之’的说法，应该说这只是范钦在古籍文献中得到了天一生水的启示，而龙虎山大上清宫中的天一池则为其提供了实物依据。”

确如王宏星所言，对于天一阁楼名的来由，后世大多认为是本自“天一生水，地六成之”这个说法。比如乾隆皇帝在《文源阁记》中就把此句话当成是天一阁楼名的来由：“藏书之家颇多，而必以浙之范氏天一阁为巨擘，因辑《四库全书》，命取其阁式，以构庋贮之所。既图以来，乃知其阁建自明嘉靖末，至于今二百一十余年，虽时修葺，而未曾改移。阁之间数及梁柱宽长尺寸，皆有精义，盖取‘天一生水，地六成之’之意。于是就御园中隙地，一仿其制为之，名曰文源阁。”

弘历称天一阁在建造之时无论是书楼的间数以及梁柱的尺寸都暗合“天一生水，地六成之”这句话。皇帝认为这种建造手法才是天一阁能够长久留存的重要原因，所以他下令藏《四库全书》的七阁都按照天一阁的式样来建造。

乾隆皇帝是怎么知道天一阁的情况的呢？起初他也是耳闻，于是他在乾隆三十九年六月（公元 1774 年 6 月）传谕大臣寅著前往天一阁去查看实况：“（六月）丁未，谕军机大臣等：浙江宁波范懋柱家所进之书最多，因加恩赏《古今图书集成》一部，以示嘉奖。闻其家藏书处曰‘天一阁’，纯用砖甃，不畏火烛，自前明相传至今，并无损坏，其法甚精。著传谕寅著亲往该处，看其房间制造之法若何？是否专用砖石不用木植？并其书架款式若何？详细询察，烫成准样，开明丈尺，呈览。”

看来，乾隆皇帝最初认为天一阁没有受过火灾，乃是缘于此楼全是砖石所建而非惯常所用的木料。他命寅著到现场了解这种传闻是否准确，王先谦所编《东华续录》中记载了军机大臣查看之后的结果：“天一阁在范氏宅东，坐北向南，左右砖甃为垣，前后檐上下俱设窗门。其梁柱俱用松杉等木。共六间。西偏一间，安设楼梯。东偏一间，以近墙壁恐受湿气，并不储书。唯居中三间排列大橱十口，内六橱前后有门，两面贮书，取其透风。后列中橱二口，小橱二口。又西一间，排列中橱十二口。橱下各置英石一块，以收潮湿。阁前凿池。其东北隅又为曲池。”

可见传闻不实，天一阁也主要是一座木结构的建筑，但它有独特的保护方式，这些措施使得这座书楼未受祝融的光顾。但大臣的汇报之语中，却提到了阁名的来由：“传闻凿池之始，土中隐有字形如‘天一’二字，因悟‘天一生水’之义，即以名阁。阁用六间，取‘地六成之’之义，是以高下深广及书橱数目尺寸，俱含六数。特绘图具奏得旨览。”

正是这种说法让乾隆皇帝写入了文中，而后成为楼名来由的唯一说法。而弘历认为，正是这个楼名得到了冥冥中的神助，使得该楼留存久远，所以他才下令：储藏《四库全书》的七阁都按照天一阁的规制来建造。

乾隆皇帝的这种说法受到了赵万里的质疑，他在《重整范氏天一阁藏书纪略》中讲到了第一次看到天一阁时的情形：

> 阁前一泓清水，有小桥可通前后假山，青藤和不知名的羊齿类植物，荫盖着全部的山石。石上小亭，摇摇欲坠。阁后一片荒凉，青榆树高出屋檐。回视阁的全部，仅有五楼五底的容积。西边一间，有梯可达阁之上层；东边一间，租给闲人住着。炊烟正从窗缝里吹向阁的上空，那时住家的媳妇正在预备晚餐。阁的东西柱上，悬着薛叔耘的对联。旁外的柱上，挂着范氏传统的戒条“不准子孙无故开门入阁，罚不与祭”等等条例。楼上的窗户，关得像铁桶一般的严紧。

如今，我来到天一阁门前时，眼前所见的情形跟赵万里先生所言基本相仿佛。只是这里的书库早已被迁走，无法看到他所说的“炊烟”。但楼前的水池以及假山上的小亭依然存在，显然小亭经过了加固，绝无坠毁之虞，只是假山上青苔遍布，走在上面脚下打滑，故而登往假山的小径也被拉线拦了起来。而饶主任网开一面，拿走遮挡物让我登山拍照，只是他一再嘱咐我小心滑倒。站在小山之上，可以看清楚天一阁完整的外观，其实从格局上看，天一阁与藏《四库全书》的七阁并不相同。而此前赵万里也注意到了这一点："细察阁的建筑方式，和其他宁波住宅，并无多少不同之点。所用材料，简陋非凡。消防设备，简直等于零。和藏《四库全书》的文渊阁规模相比，真有天渊之别了。我不信文渊阁是模仿着天一阁盖的。"

既然如此，难道皇帝的下令也没有起作用吗？以我的观察，因为《四库全书》部头庞大，所以藏书阁的建造者作了变通，表面看四库七阁也像天一阁那样是两层建筑，然而里面则做成了明二暗三的格局。从这个角度而言，四库七阁与天一阁相比，并不只是体量上的差异，其实建筑结构也完全不同。

几次前来天一阁都未能登楼，其实天一阁能够得以长久保存，更多则是因为天一阁所列的铁律。正如赵万里在文中所记，范氏子孙无故都不能登楼，那外人想来此看书则更无可能。难怪历来能够登上天一阁看书之人都以此为荣，几乎每人都会郑重地把登楼之事写入文中。我数次前来天一阁，却未能享受到这样

站在假山上看天一阁藏书楼

书楼是一座木结构建筑，如今只能站在门口探看

楼上另有一块匾额

二楼上“烟酒切忌登楼”的告示

楼上是个大通间，书柜的排列方式一如往昔

的待遇，当然心有不甘，于是斗胆向饶主任提出了这个非分之想。他爽快地答应了我的请求，带我走到楼的侧旁打开一把铁锁。而后顺着楼梯，我终于登上了天一阁。

此刻我想到了孟浩然的诗句：“人事有代谢，往来成古今。江山留胜迹，我辈复登临。”在此之前，黄宗羲、阮元等大儒都曾在此楼上徘徊，而我脚踏他们的足迹，虽然无法把酒临风，但心旷神怡宠辱皆忘的喜洋洋则的确存在。

为了安全，今日天一阁中未曾安装照明设备，故饶主任打着手电带我登楼。在楼梯间的侧墙上，我看到了登楼的严格规定，骆兆平在《天一阁藏书管理的历史经验》一文中，讲到了天一阁在防火方面所动的脑筋：

> 天一阁建造在范氏住宅的东面，远离灶火。阁前的水池，相传与月湖暗通，池水终年不涸。清康熙四年，范钦的曾孙范光文请来能工巧匠，在池旁堆筑假山，种植树木，保持水土。阁的四周都有空地并建筑围墙，起到了隔绝火种的作用。同时还严禁烟火入阁，在楼梯边挂着一块“烟酒切忌登楼”的大字禁牌。清末缪荃孙随宁波太守夏闰枝去天一阁，后来他作记云：“范氏派二庠

生衣冠迎太守，茶毕登阁，约不携星火。”足见其防火制度之严，连当地的太守也不许违背。

到如今，那块“烟酒切忌登楼”的禁牌依然挂在那里，在手电光的照射下，令我顿时弥漫起庄严肃穆之情。好在我不吸烟，故登楼既无烟也无打火机，但饶主任在登楼之时还是向我确认了此事。

虽然天一阁楼上的情形我已看过不少的照片，但今日眼前所见依然令我震撼。楼上是一个大通间，书柜一排排地排列在木质地板上，其摆放方式乃是形成了多个凹字形，每个书柜上写着一个字，以此来做编号，而正中的位置则挂着“宝书楼”的匾额。承蒙饶主任美意，让我坐在此匾下的太师椅上拍照，遗憾的是这里灯光太暗，故拍出来的照片模糊不清，这让我登楼的荣耀略减了一分。

饶主任告诉我，天一阁原藏之书已经放到了书库，这里面盛放的只是一些变通本。我注意到每个书柜的上下各放着一块太湖石。饶主任说这是英石，其作用乃是吸收潮气。据说天一阁建造之初，此物就已存在，然而我用手触摸该石，并未感到石头上吸满了水。饶主任则称，英石能够吸水只是传说，他也觉得此物并未有防潮作用。但这却是天一阁留存下来的原物，其文物价值自不待言。冯贞群在《芸草避蠹英石收湿说》一文中称："英石阁中见存一十七方。"既然是见存，则可说明原本的英石数量比现在还多，并且该文中还引用了袁枚《小仓山房诗集》中所写之诗："久闻天一阁藏书，英石芸香辟蠹鱼。今日椟存珠已去，我来翻撷但唏嘘。"袁枚在此诗的小注中又写道："橱内所存宋版秘钞俱已散失，书中夹芸草，橱下放英石，云收阴湿物也。"

看来当年天一阁的防护措施除了英石还有芸香草。关于天一阁的芸香草，历史记载中有一个凄美的故事。谢堃在《春草堂集》中称：

> 鄞县钱氏女绣芸，范茂才邦柱室，丘铁卿太守内侄女也。性嗜书，凡闻世有奇异之书，多方购之。尝闻太守言，范氏天一阁藏书甚富，内多世罕见者。兼藏芸草一本，色淡绿而不甚枯，三百年来书不生蠹，草之功也。女闻而慕之，绣芸草数百本犹不能辍，绣芸之名由此始。父母爱女甚，揣其情，不忍拂其意，遂归范。庙见后，乞茂才一见芸草，茂才以妇女禁例对，女则怳如所失，由是病。病且剧，泣谓茂才曰："我之所以来汝家者，为芸草也。芸草既不可见，生亦何

为？君如怜妾，死葬阁之左近，妾瞑目矣。”

这真是一位奇女子，她竟然爱书入骨髓。此女听闻天一阁藏书丰富，并且此阁中有一种芸香草可以防虫，这让她十分羡慕，于是她开始用刺绣的方式来绘制芸香草，竟然做了几百件之多，所以她被人称为绣芸。她的父母很明白女儿的心情，于是把她嫁给了范家后人。绣芸本以为嫁给了范家后人就可以登楼内看书和见到真正的芸香草，等她出嫁后才明白，天一阁禁止女眷登楼。这是绣芸绝未想到的结果，这个打击她无法承受，由此而得了重病。她跟夫君明说，自己嫁入范家就是为了看真正的芸香草，没想到竟然是这样的结果，她觉得此生不能看到芸香草活着也没有了意思，所以提出希望自己死后葬在天一阁旁边，以便让她能够长眠于芸香草的附近。

这样的故事读来令人大感唏嘘，芸香草竟然如此之神奇，然而赵万里却认为此物并不能起到防虫的作用。他在《重整范氏天一阁藏书纪略》中写道：

我们发现好几个柜子里都有蠹虫，因此对于传统的保存图书的秘诀，发生疑问。故老相传阁里的书全部夹着芸草，可以防蠹；柜子下镇着浮石，可以吸收水分。这完全是神话。其实天一阁所谓芸草，乃是百花除虫菊的别名，是一种菊科植物，早已失了它的除虫的作用。浮石是不知从郭外哪个山里搬来的一种水成岩的碎块，并无什么吸收空中水分的能力。

赵万里说，芸香草早已失去了除虫的作用。那这样看来，不能说当年此物没有用。这种芸香草产自哪里？骆兆平在《天一阁藏书管理的历史经验》一文中说：“天一阁藏书中所夹芸草从何而来，前人没有记载。”但是以此物来驱除书中的蠹虫，则是古人早已言之，宋代沈括在《梦溪笔谈》中就明确地称：“古人藏书辟蠹用芸。芸，香草也，今人谓之七里香者是也。”

天一阁乃是一座木结构建筑，南方潮湿，这样的建筑显然难以保持久远。其实我所登临的天一阁已经经过了多次的翻修，今日所见应该是民国时所作的整体维修后的面貌。民国二十四年，相关部门对该楼作了系统维护，《浙江省立图书馆馆刊》第三卷第六期刊有《修建天一阁初步工程记》一文，文中有如下段落：

此阁式样一切仍其旧式，新配木料多用花梨、杉木、银杏之类，绝未加入洋松。勾阑改用

天一阁博物馆另建了书库来保存藏书

书库内的书柜都是特制红木柜

书柜可以两边打开，藏书均无函套

乌老雅绿石，堂前门及后挂面，俱加菱窗。中间照壁门八扇围屏式，前刻黄梨洲《天一阁藏书记》，后刻全谢山《天一阁藏书记》。阁下藻井，特请画师袁建人先生手绘，其彩色图案仿宋李明仲《营造法式》，为海内绝无而仅见者。前后园林假山，亦均修改完毕，恢复旧有九狮一象之状，补植花木多种。前池石上加凿天一池三字，集纪泰山铭八分书，以慰司马之夙志。

参观完天一阁，饶主任接着带我去看书库，在这里看到了一排排的书架。其中也有一些展柜摆放着一些家谱，以此来让游客参观。而真正的库房则在另一座楼上。进入库房中，看到这里墙的两侧摆放着多台除湿机。饶主任说，南方湿气重，除湿是保护好藏书的必要条件，而这里的书柜则全部为特制的红木柜，每块门板上都刻着“天一阁”的字样。饶主任打开一橱书让我观看，这些书基本上没有函套。因为南方潮湿，糊制函套的糨糊很容易成为蠹鱼的美餐，故南方之书基本不做函套，而是以木夹板代之。但眼前所见之书，木夹板也少有使用。以我的猜测，这是为了让书更加利于透气之故。

在参观的过程中，我看到办公桌上放着一些小的白布包。饶主任告诉我，里面放的就是芸香草，这是他们从云南特意定制的。我随手拿起一包来，果真散发着浓重的气味。但我对这种气味却颇为喜爱，既然我喜欢闻，难道虫子就讨厌它吗？当然，我不是蠹虫，无法体会它们的感受。

参观完书库，饶主任带我继续探看天一阁博物馆的其他建筑。在一个院落内，我看到了尊经阁，天一阁院内何以有了府学的尊经阁？《宁波市海曙区志》在介绍尊经阁时，写道："民国期间在天一阁后假山之北，有平屋数间，是范姓以外的百姓租地建筑的，再后面是一块荒地。民国二十四年，重修天一阁委员会征购房屋，平整土地，将府学尊经阁移建于原民房处，以作阅览图书之所。"

如此说来，当年的天一阁还住有其他的居民，自民国年间开始，相关部门逐渐将天一阁附近居民搬离，整个天一阁的范围才逐步扩大。如今的尊经阁也布置成了会客厅的模样，而阁的侧墙上则镶嵌着一些古代刻石，饶主任介绍说，这些碑石因为石质不好，再加上前些年宁波空气中的酸度太高，使得它们出现了剥落，馆里正在商议如何解决这些问题，以便让这些古老的刻石保存得更加久远。

此后饶主任又带我参观了"藏书家捐赠与天一阁

宁静的水池

藏书发展”陈列。近几十年来，有许多藏书家将自己的藏书捐给了天一阁，比如张季言的樵斋、朱鼎煦的别宥斋、孙家溎的蜗寄庐、杨容林的清防阁等等，这些书全部汇到了天一阁中，正如本展览的题目——百川归海，这也足见天一阁影响力之大。天一阁的管理者也不忘这些捐赠者为天一阁所作出的贡献，故辟出专室来介绍这些藏书家所作出的业绩。

此间展室的对面则为马廉先生的千晋斋，民国年间马廉回宁波休假，正赶上当地拆除城墙，他从中得到了一批古砖，而后他将这些古砖的一部分捐给了天一阁，如今这些砖有一部分陈列在展室之内。

一上午走下来，我看到了多处未曾踏足过的地方，虽然我曾几次参观过天一阁，但都不像今天这样彻底。最后在我上次讲座的状元厅，看到许多学生围着水池拍照嬉笑。学校能够组织学生来参观天一阁，说不定在多年之后这些孩子中就能诞生出一位重要的藏书家，而这也正是希望所在。

饶主任告诉我，天一阁的藏品十分丰富，不仅有着许多珍本善籍，同时还藏有字画以及其他文物，就数量论，天一阁的藏品在浙江能够排到前几位。但可惜的是，天一阁地方有限，无法让参观者看到更多的珍藏。为此，馆里正努力地跟有关部门协商，希望能扩大面积，专门盖起一所面积较大的展览馆，同时兼有讲座功能。这真是一个好的想法，毕竟天一阁乃是中国最著名的藏书楼，期待着它在未来创造出更多的辉煌，以便让世人真正地体味到中国历史悠久的藏书文化。

澹生堂：官书并举，散佚离奇

祁承㸁的澹生堂是明末江南地区规模最大的藏书楼，陈步京、李鸿翔在《藏书世家——祁承㸁及其澹生堂考究》一文中称：

> 祁承㸁澹生堂的藏书规模多达十万余卷，比当时曾“雄视东南，威震海宇”的范钦天一阁，还多三万余卷藏书。可见，澹生堂藏书楼，其藏书之丰在明季的江浙一带称得上首屈一指；再延至十世有祁彪佳的八求楼、十一世有祁理孙的奕庆藏书楼传世流芳。

而彭杏花在《澹生堂藏书考》中亦称：

> 《澹生堂藏书目》共分四部，四十六卷，二百四十三子目，著录图书九千多种，约十万余卷，

为当时江南各藏书家之冠。

这两段论述给出了澹生堂藏书的数量，陈、李一文称澹生堂藏书的规模是“十万余卷”，而彭杏花文中又点明了澹生堂藏书的种数——“九千余种”。然而，许经纬在《藏书世家山阴祁氏家风家学及其传承》一文中给出的数量却比以上两者大得多：

> 祁氏三代在上代聚书的基础上，经过数十年的苦心经营，积累了藏书约十一万种，十五万卷，在我国的藏书学、目录学方面占有重要的地位。

这个数字比《澹生堂藏书目》中的著录种数大了十几倍。许经纬之文发表在2014年第8期《图书馆杂志》上，其所给出的种数并非阿拉伯数字，应该不是误植，并且许经纬在该文中首先称：“笔者供职于绍兴文理学院图书馆古籍特藏室，夫家系山阴梅墅祁氏后裔。鉴于此种特殊关系，使笔者对祁氏家风家学多了些特别的关注。”

既然如此，许经纬所言必定有依据在，可惜文中未曾给出出处。而此文首先讲述了祁家的历史沿革：

家族先世为陕西韩城县人，于宋建炎时期，有名安禄字天爵号关望者，随宋高宗赵构南渡迁至绍兴，始居梅墅。其后人口繁衍，散居福严诸村，族谱一时失考。至明初，有安禄之十世孙祁茂兴者复迁居梅墅，后人在梅墅建立宗氏，重修族谱，并以祁茂兴为梅市(墅)祁氏一世。

关于梅市祁家以后的发展情况，以及澹生堂的藏书事迹，许经纬在文中又有如下简述：

山阴祁氏衍今已二十四世，这中间，祁彪佳忠敏义烈的气节堪为家风标杆。而作为藏书世家，祁氏家族最显赫最有文化底蕴和文化价值的当数书香传家的家风和藏书家学。山阴祁氏是一个完整的家族，脉络清晰，藏书家风发轫于七世祁清，到二十一世祁起孝于1954年春向国家捐献“澹生堂”遗书止。其中，九世祁承㸁到十一世祁理孙形成了抛物线的高峰，浙东三祁的藏书理论和实践，至今仍被学术界所关注。

虽然梅市祁家的藏书起始于祁清，然而到了祁承㸁的父亲祁汝霖，家中藏书才略有规模。祁承㸁在

《澹生堂藏书约》中说道：

> 通奉公在仕二十余年。有遗书五七架，庋卧楼上，余每入楼，启钥取观阅之，尚不能举其义。然按籍摩挲，虽童子之所喜吸笙摇鼓者，弗乐于此也。先孺人每促之就塾，移时不下楼，继之以诃责，恋恋不能舍。

祁汝霖所藏的几架书让其儿子祁承㸁特别喜爱，只要有空，他就会打开书橱进行翻阅。虽然有些内容读不懂，但却培养出了藏书之爱，以至于他后来考取功名在外任职时，只要有空就会努力地收书。如果遇到秘本与孤本无法买下时，他就会努力地抄写。因此，他的为官过程，也基本上是他藏书、校书的主要时段。

祁承㸁中进士的时间是明万历三十二年，但早在此之前他就有了藏书之好，藏书已具有了一定规模，可惜到了明万历二十五年冬，因为家中仆人不慎，引起了火灾，他的所藏全部化为灰烬。

但这件事不但没让祁承㸁灰心，反而激起了他更大的藏书欲望。他中进士之后，曾到山东、江苏、江西、安徽、河南等地为官，每到一地他都努力收书。到天启初年，他的藏书已经十分可观，于是他准备把

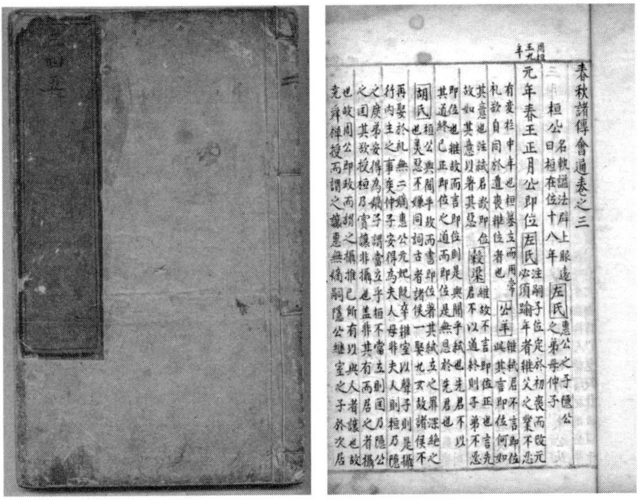

《春秋诸传会通》明澹生堂蓝格抄本，原封面及内页。

自己的书运回家乡，建一座规模宏大的藏书楼。他在天启三年给自己的二儿子和四儿子写了封信，信中详细讲到了如何来安置自己的藏书，以及如何建造藏书楼等问题。

他跟儿子说，自己的官位不如别人高，自己发的财也不如别人大，而唯独藏书这件事，却是他人难以比拟者。他说自己在河南所收及所抄之书都是稀见版本，若把这些书运回绍兴，全省的人没有一家能超过他。但是，有了好书就需要有好的藏书楼，故而他在信中写道：

只是藏书第一在好儿孙，第二在好屋宇。必须另构一楼，迥然与住房书室不相接联，自为一境方好：但地僻且远，则照管又难。只可在密园之内外，裁度其地：汝辈可从长酌定一处来。我意若起楼五间，便觉太费。而三间又不能容蓄。今欲分作两层。下一层离基地二尺许，用阁栅地板，湿蒸或不能上。只三间便有六间之用矣。前面只用透地风窗，以便受日色之晒，惟后用翻轩一带，可为别室检书之处。然亦永不许在此歇宿，恐有灯烛之入也。楼上用七架，又后一退居。退居之中，即肖我一像。每月朔日，子孙瞻礼我像，即可周视藏书之封锁何如。而此楼之制，既欲其坚固，又欲其透风，须我与匠人自以巧心成之，但汝辈定此一处，可分付筑基也。

祁承㸁强调藏书当然是以人为本，如果没有好儿孙，即使再宏大的书楼也会被毁掉，但即便如此，他还是仔细地规划了自己的藏书之所。而对于他此次运回之书，也有着特别的嘱咐：

> 发回书共八夹，内有河南全省志书二夹，不甚贵重，此外皆好书也。有一夹特于陕西三十八叔印来者。若我近所抄录之书，约一百三四十种。共两大卷箱，此是至宝，自家随身携之回也……今暂将发回之书，俱且放在大楼上，或东间、正间皆可，待我回，亲手入架，不可乱动一本。

此次祁承㸁从河南运回了“八夹书”，不清楚一夹是多大的体量，但他说河南全省志书仅用了两夹，将一省的地方志搜集起来是很庞大的一个数量，仅用了两夹的话，以此推论，他此次运回家乡的书数量不小。而祁承㸁在信中却称这些志书“不甚贵重，此外皆好书也”。以此说来，在他眼中，地方志乃是通行本，算不上好书。这样的藏书观念，恰好与宁波天一阁的藏书观形成了反差。

1980年第4期的《社会科学战线》一刊中载有黄裳先生所撰《澹生堂二三事》一文，该文中有如下一个段落：

> 范、祁两家藏书，也的确与毛、钱不同。他们不重视宋元版(祁氏所藏宋版，只见盋山精舍

所存一种；范氏藏书中也很少宋元旧刻），也从不以书籍雕板之旧夸示于人，他们是从实用的角度收书的。看天一阁至今还保存了那许多明刻方志和登科录，就可以知道，“方志”在明代以至清初，是不为藏书者所重视的，黄梨洲就视之为“弃货”，但收集起来却极困难，要千方百计向全国各地去搜求。在当时的交通情况下，天一阁能收集到全国各地的方志，大致完备，是极不容易的；登科录就更麻烦，真不知道范钦花了多大力气收集了那么一大批。这一类书在毛子晋和钱牧斋看来，是完全没有收藏的价值的，远不如他们所藏的那些古董性质的旧刻、名钞为有趣。这是常熟派与浙东藏书家的明显不同之处。

黄裳先生把天一阁藏书跟澹生堂藏书视为一个门类，认为他们都是从实用角度来收书。这种论断方式，若只放在天一阁头上显然很合适，然而祁承㸁的藏书中却有着不少好的版本，否则的话，也不会引起黄宗羲与吕留良为了争澹生堂藏书中的善本而翻脸的事情。从祁承㸁的信中可以看出，他不看重地方志，认为那不是好书。仅凭这一点，也足可说明，他跟天一阁主人范钦的观点有较大差异，范钦不在乎版本，而祁承爜却对版本很讲求。

当然好书的概念也有不同，有的是指版本珍贵，这正如黄裳在文中举出的毛晋和钱谦益的例子，因为这两大藏书家都是重视宋元本。而祁承爜的这封信则表明，他花了不少钱雇人来抄稀见之书，这样的钞本虽然不是古人所抄者，但其底本却是难得一见者。从这个角度来说，澹生堂钞本在当时也是颇为难得之物。

从后世目录版本学家的记载可知，当年的祁承爜的确是懂版本之人。比如张元济在《涉园序跋集录》中给《愧郯录》所写的题记中说道：

> 荛圃谓原书空白十叶，与知不足斋刊本相合，定为祖本，且谓抄者必非无据。余尝见同式后印者二部，及曹溶《学海类编》印本，亦均无此十叶……友人周君越然购得祁氏澹生堂钞本半部。余闻之往假，开卷则此十叶者宛然具在。因迻录之，倩人依原书款式写补各叶，前后适相衔接……明清鼎革，忠敏遭难，藏书散尽，世极罕见。阅三百年，于有人覆印之时，而是书忽出，且亡其半。而有此十叶之半部独不亡，不可谓非异事矣。

《愧郯录》一书，清人所见者都缺十页，而唯有周越然所藏的澹生堂钞本有此十页。可见该钞本所用底本是何等之善。而傅增湘在《校傅忠肃集跋》中也有着类似的感慨：

> 傅忠肃集三卷，刻于元庆乙卯。元明以来遂无覆本。光绪壬辰大兴傅以礼节子，始据旧钞本校刻于福州，附校勘记一卷，缮写工整，镌刻精雅，当世奉为善本。余频年南北所购写本，不下六七，未曾着手比勘，盖节子于此致力甚勤，信其必无舛失也。日前获见京馆藏澹生堂写本半叶十一行，每行二十字，宋讳小字旁注，提行空格，一循古式。讶其当有佳异，因对读一过，乃知新刻讹谬，殆不可胜。计全书改订之字凡三百又四十……

当年认为校刊很精的《傅忠肃集》，等到傅增湘看到澹生堂钞本时，才发现通行之本有着特别多的错讹。这同样证明，澹生堂无论藏书还是抄书，都对版本特别讲求。难怪祁承㸁如此在意自己所得与所抄之书，在信中又一再嘱咐儿子，运回之书不让他们乱动，一定等自己返回家乡后，亲自来上架。

但为了上架必须先要有相应的书橱，显然他运回的这批书数量不小，家中的书橱已不敷用。故而他在信中又做了这样的安排：

> 仍照我大楼两面厨式，共做六个。只用一面开，一面做定，不必两面皆门。高、大、阔皆与旧厨一样，可以合式摆放。惟止安一本书，即深止二尺可矣。如有寻干燥木料，即可动工做，盖做完又须加漆，待我回日可以整书也。

祁承㸁在信中不但告诉儿子如何做书橱，此后他还跟儿子们说如何对书楼进行装饰：

> 其后面新造侧楼，并船坊上楼板，皆须盘订。而新门台及门柱之类，皆用灰布重油，使其焕然可观；而东西两面披水窗门，皆用两度黑油。此二事委在二郎专任之。其应用工料，四郎于自置田租内支用可也。此二项，俱须在十一月之内完，倘旦暮得幸转，急欲为收拾书籍之务。今各书安顿未得其所，真令人梦寐不能忘怀耳。俱毋得迟误，切嘱，切嘱！

由这封信可以看出，祁承㸁对自己得来之书是何等看重。他为了安顿自己的这些宝贝，由此而作出了一系列规划，事无巨细地指导儿子们按照自己的方式进行工作。故而，黄裳先生在《澹生堂二三事》中作出了这样的评价：

> 祁承㸁以“文献世家”自豪，自命为两浙首屈一指的藏书家。他认为，要使藏书“世守”下去，一要好儿孙，二要好屋宇。他还亲自订定了保管藏书的规章制度，又再三提醒儿子，特别指出这些书得来不易，价值若干，借以引起重视。这一切，在今天看来，是难免不使人发笑的。这是封建社会地主阶级的常态。虽然，山阴祁氏还算不上地主阶级的上层。从其他一些家书所涉及的田产经营材料来看，他只不过是一个中小官僚地主，比起铃山堂那种“收藏家”来，是差得远了。

黄裳此文发表在1980年，故其语句中带有一些时代特色，但他还是能够理解祁承㸁的爱书之情的：“他在家书里表现出来的对书册的感情，是浓挚的，远远超过了登徒子的对于女人和守财奴的对于财货。”

正是由于这样的爱书之情，再加上付诸实施的努

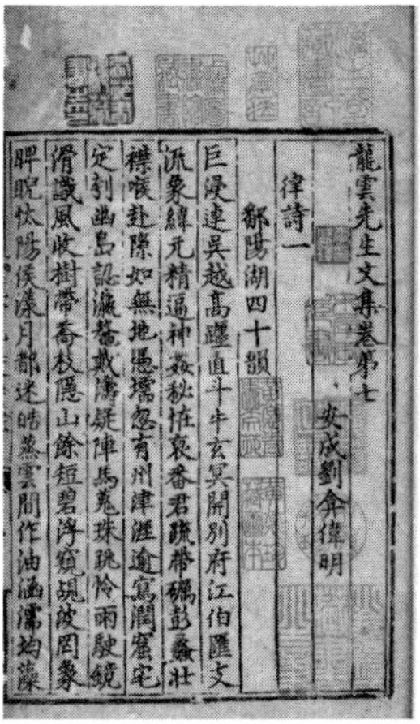
龍雲先生文集卷第七
安成劉余偉明
律詩一
鄱陽湖四十韻

澹生堂旧藏《龙云先生文集》明弘治十八年刘璋刻本

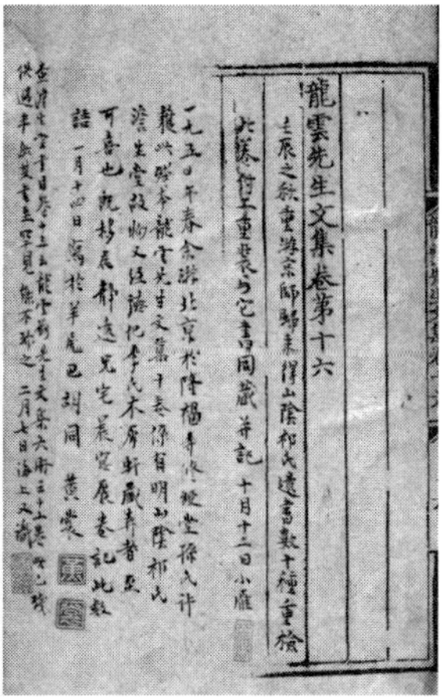
龍雲先生文集卷第十六

《龙云先生文集》明弘治十八年刘璋刻本，黄裳跋

力，才使得澹生堂的藏书达到了那个时代其他藏家难以达到的高度。而祁承㸁对自己的藏书也并非只是收集起来，他还有着相应的研究。同时，他对自己的藏书经验，也作了总结，相应的著作当属《澹生堂藏书约》。此文涉及跟书有关的方方面面，比如对于买书的标准："经重于史，子重于集，古重于今。"这句话即可表明祁承㸁极为传统的观念，也就是经、史、子、集是等而下之的关系，藏书以经部为最尊。他的这个观念，基本上是古书收藏界的主体意识。而他又称古

重于今，这一点也恰好说明，他与范钦观念的不同，因为天一阁藏书几乎只重今而忽略古。

古代也有不少的伪书，在收书的过程中应当如何避免收到伪书呢？祁承㸁的观点则是：“经不易伪，史不可伪，集不必伪，而所伪者多在子。”他认为经部书的伪书较少，因为作伪一部经部书需要极高的学养，非一般人可措手者；集部书由于重视程度最低，所以也少有伪书；而伪书最多者则集中于子部，因此说，购买子部书时当最为留意。由此可看出，他对藏书有着特别的研究。

不仅如此，祁承㸁对所得之书都会进行仔细的装潢和修补。他的这种爱书之情传导到了儿子身上。他的儿子祁彪佳跟黄宗羲共同拜刘宗周为师，故两人有同门之谊。黄宗羲有一次到祁彪佳处去看书，他将看书的过程写入了《思旧录·祁彪佳小传》中：

> 余尝与冯留仙、冯鄴仙访之于梅市，入公书室，朱红小榻数十张，顿放书籍，每本皆有牙签，风过铿然。公知余好书，以为佳否，余曰：“此等书皆阊门市肆所有，腰缠百金，便可一时暴富。唯夷度先生（公之父）所积，真希世之宝也。”冯别去，留余，夜深而散。

澹生堂的藏书如此漂亮，这让爱书人读来有着万分的欣羡。而祁承㸁本人也对他的所藏特别之珍爱，他写了一首《藏书铭》，并且将其刻成了一方藏书章，其文为：

> 澹生堂里储经籍，主人手校无朝夕。读之欣然忘饮食，典衣市书恒不给。后人但念阿翁癖，子孙益之守弗失。

祁承㸁盼望着自己的藏书能够子子孙孙永保之，故在《澹生堂藏书约》中给儿孙们立下了这样的规矩：

> 子孙能读书者，则以一人尽居之；不能读者，则以众人递守之。入架者不复出，蠹啮者必速补。子孙取读者，就堂检阅，阅竟即入架，不得入私室。亲友借观者，有副本则以应，无副本则以辞，正本不得出密园外……勿分析，勿覆瓿，勿归商贾手。

他希望自己的所藏始终不出澹生堂，即使亲朋好友来借书，如果没有副本，也照样不可出楼。

但祁承㸁也明白，天下之事均是聚散无常，更何况他自己早年的藏书也被一把火烧掉，所以他也有着自己的达观在。故而他在《澹生堂藏书约》中又写道：

> 然而聚散自是恒理，即余三十年来，聚而散，散而复聚，亦已再见轮回矣。今能期尔辈之有聚无散哉？要以尔辈目击尔翁一生精力，耽耽简编，肘敝目昏，虑衡心困，艰险不避，讥诃不辞，节缩饔飧，变易寒暑，时复典衣销带，犹所不顾，则尔辈又安忍不竭力以守哉！

既然不能指望儿孙永聚不散，那如何来纾解自己的爱书之情呢？所以他让儿孙们要多体量自己当年聚书之不易，希望他辛苦收来之书，有尽可能长的时间聚集在一起。可惜，他的愿望随着明朝的灭亡，很快就破灭了。

祁承㸁逝世于明崇祯元年，十七年后，他的藏书开始佚散。因为明末的战争，祁家人把澹生堂藏书运到了化鹿寺，祁承㸁的墓就在此寺附近，而正是在这个阶段，澹生堂之书有了佚散。黄宗羲在《天一阁藏书记》中写道：

> 祁氏旷园之书，初庋家中，不甚发视。余每

借观，唯德公知其首尾，按目录而取之，俄顷即得。乱后迁至化鹿寺，往往散见市肆。

这个阶段为什么澹生堂藏书佚散了出来？赵永刚在《黄宗羲、吕留良交恶与澹生堂藏书之关系》一文中说道：

祁家曾经把澹生堂的藏书寄存在化鹿寺，希望借助寺庙保存祁家三代心血攒集而成的藏书，可是事与愿违，寺内的僧人觊觎祁氏的家藏，不时地把这些珍本图书偷窃出来变卖，这样市场上就流通了很多澹生堂的藏书。

此次佚散出多少书，黄宗羲未曾点明。总体上来说，这只是部分的佚散，而澹生堂所藏大批地佚散恰好与黄宗羲有关。清康熙五年，黄宗羲在吕留良家做家庭教师，他听说澹生堂藏书渐渐散出，于是他跟吕留良建议共同把这些剩余之书买下来。如前所言，黄宗羲曾经到澹生堂看过书，所以他知道这批藏书质量是何等之高，而吕留良也是位爱书人，所以他对黄的建议很赞同。然未承想，就是因为这次合伙购书行为，让黄宗羲和吕留良这两大文化名人从此交恶。

黄、吕因澹生堂藏书交恶之事，在业界流传甚广。其主要出处几乎都是本自全祖望所写《小山堂祁氏遗书记》一文：

> 初，南雷黄公讲学于石门，其时用晦父子俱北面执经。已而以三千金求购澹生堂书，南雷亦以束脩之入参焉，交易既毕，用晦之使者中途窃南雷所取卫湜《礼记集说》、王偁《东都事略》以去，则用晦所授意也。南雷大怒，绝其通门之籍。用晦亦遂反而操戈，而妄自托于建安之徒，力攻新建，并削去《蕺山学案》私淑，为南雷也……然用晦所藉以购书之金，又不出自己而出之同里吴君孟举。及购至，取其精者，以其余归之孟举。于是孟举亦与之绝。是用晦一举而既废师弟之经，又伤朋友之好，造成其为世道之薄，亦何益于讲学也！

黄、吕集资三千金共同去购买澹生堂藏书，然而在运输的过程中，吕留良所派之人却偷了其中的两部善本。全祖望在此文中明确地说，这件事的幕后指使者正是吕留良。黄宗羲知道后十分生气，于是两人骂来骂去，从此绝交。全祖望觉得，两位大师级的人物，竟然为两部书而绝交，真可谓不值得。更何况，当年这三千金买书资金，也是吕留良向吴之振借的。吕得到所分之书，他把其中的善本挑选出来，而把剩余的普本归了吴，以致让吴也跟他断了交。全祖望感慨说，就为了这么一批书，吕留良得罪了两位名家，真是得不偿失。

然而对于全祖望的这段记载，赵永刚在文中认为他所言并不客观公正：

> 全祖望所言购书之事甚为详细，但其私淑黄宗羲，在情感上难免偏袒黄宗羲而贬抑吕留良，再加上雍正朝吕留良冤案已成，文字忌讳颇多，凡此种种，都导致了全祖望之记载多处失实。

然全祖望有怎样的偏袒呢？赵永刚在文中做了仔细分析，他首先认为窃书之人的确是吕留良。该文首先引用了康熙十八年黄宗羲在《天一阁藏书记》中所言：

> 丙午，余与书贾入山翻阅三昼夜，余载十捆而归，经学近百种，稗官百十册，而宋元文集已无存者。途中又为书贾窃去卫湜《礼记集说》、王偁《东都事略》，山中所存，唯举业讲章，各省志

书，尚二大橱也。

黄宗羲说他跟一位书商共同入化鹿寺去选书，他们在那里翻看了三昼夜，而后挑出了一批书。他们只是想买澹生堂藏书中的精本，而黄宗羲首先点出了所买之书的主体——经学近百种。看来他还是看重澹生堂所藏的经部之书，而这一点也正印证了祁承㸁在购书之时最重视经部的理念。但没想到的是，将书运回之时，这位书商偷走了其中最难得的一部经部书和一部史书。

既然黄宗羲在文中明确地写明偷书的是“书贾”，那为什么会恨吕留良呢？赵永刚在文中分析道：“因吕留良主要的经济收入是指点和发售八股文选本，还曾多次到南京、杭州主持选本销售，其行迹有时近乎商人，所以文中之‘书贾’应该就是黄宗羲对吕留良的蔑称。”

何以证明黄宗羲所说的书贾就是吕留良呢？赵永刚以卞僧慧在《吕留良年谱长编》中所言为依据，因为该书引用了黄虞稷、周在浚在《征刻唐宋秘本书目》中所言：

宋卫湜《礼记集说》一百六十卷：湜字正

叔，与栎斋，昆山人。集诸家说，自注疏而下凡一百四十五家，小戴之学，莫备于是。近从□□□□得之。空缺四字，即是“吕晚村处”，进而得出结论：“《礼记集说》，可本为宗羲所欲，而终归留良。”

如果是这样的话，那么到化鹿寺挑选澹生堂藏书者，并非吕留良派人与黄宗羲同往，而是其本人亲自去选书。后来两人为这批书已经翻脸了，那为何黄宗羲在康熙十八年写《天一阁藏书记》时还要把吕留良称为书贾而不直点其名呢？也许黄宗羲还是要给吕留良留面子吧。

历史的记录都会随着时代的转移而有所改变，到了清末很多仁人志士有了反清排满的情绪，而吕留良正是因此被抄家平坟，故而获得别样的推崇，被人称为古革命家。其窃取澹生堂藏书之事也因此在文字叙述中有了反转，例如章太炎在《书吕用晦事》中写道：

祁忠敏（彪佳）本蕺山弟子，身既死节，其子倾家为国复仇，竟坐遣戍。太冲乘其衰落，入化鹿寺，载其书十捆而出，又藉用晦资力以取之，亦于故旧为恝也。

章太炎首先说，祁彪佳是英烈，因为祁家在清初受到了打击，黄宗羲乘人之危到化鹿寺去买澹生堂藏书，而买书之钱，又是靠吕留良来筹集，所以他认为黄宗羲在这件事上做得不光明。除此之外，彭杏花在《澹生堂藏书考》一文中又引用了沈玉清《冰壶集》中的一段话：

> 石门吕晚村与梨洲先生素善，延课其子，既而以事隙，相传晚村以金托先生买祁氏藏书，先生择其奇秘难得者自买，而以其余致晚村。

至少沈玉清认为是吕留良让黄宗羲去买澹生堂藏书，而后黄把其中的珍本善本都挑了出来，把剩余部分归了吕留良。如果沈玉清所言是实况的话，那么恰好说明，吕留良并没有跟黄宗羲一同到现场挑书，否则的话就不会发生这样的事。

看来历史真如胡适所说的那样，像个小姑娘可任人来打扮。且不管这件事情的真相如何，澹生堂所藏从此开始大量地佚散却是事实。除了吕、黄二人挑走的那批之外，赵谷林的小山堂也得到了一批。赵谷林与祁家是亲戚关系，赵的母亲朱氏乃是祁彪佳的外孙女，并且和赵父就是在澹生堂中成的亲。此后，赵谷林听说澹生堂的藏书佚散了出来，于是他收到了一批残余。而黄宗羲买到的那批书，与其藏书后来经过了水与火的损伤，最后残余部分又归了郑性的二老阁。而后二老阁藏书也散佚了出来，其中的澹生堂钞本我仅得到了一部，幸运的是，这一部也属于集部书。这也应当算是澹生堂的精品之一吧。

自此之后，澹生堂的书就烟消云散了。然而在二十世纪五十年代初，澹生堂的书又突然出现在上海、杭州的旧书店中。其中黄裳先生买到不少，他将自己的所得大部分写入了《来燕榭读书记》中。书中卷三录有黄裳所写书跋三十篇，其中前二十八篇谈的都是他所得到的澹生堂旧藏。

为什么会成批地出现澹生堂这么多旧藏之物呢？刚开始黄裳也不了解，他在《澹生堂全集》跋中写道：

> 去年残腊，余去武林。偶游旧肆，与估人闲话，偶及澹生堂书故实。其书初散时，杭州诸肆方联营，即以高直收承爜稿本《两浙古今著述考》及彪佳里居越言等。未几何时而营业大坏，此数书石麒曾见之，还价亦不能收矣。其后续有所得，仍不能售，终削价以归石麒，转归余斋。此后石麒更来杭，捆载烬余以去。

黄裳听到消息想尽力收下，但因为价昂未曾尽收，后来有些书到了上海书商石麒那里，黄裳又在那里买了下来。其在《两浙古今著述考》的跋语中写道：

> 余初闻石麒见告，有澹生堂抄本一部，出于杭市，书为残帙，而索直奇昂。即嘱其索寄一观，后果以此书头尾二册及远山堂钞本里居越言来，索重直，还价不允，遂寄还之。然其书往来胸中，实未尝一日忘也。后二月石麒又告有澹生堂遗书若干册出于绍兴，中有承爜彪佳手稿，半为残笈，而价亦不廉。余意复动，念此当为一家眷属，而析居异地者，遂告以必欲收之。

此后，澹生堂之书又出现了多种，黄裳因为重视这些藏书，所以努力收购，他在所得的《易测》一书的跋语中写道：

> 此本得之越中书估，盖自祁家买出者。卷耑有承爜长子骏佳手题，是夷度手稿也。又尝见《两浙古今著述考》十五册于杭肆，盖同出一源而分储异地者。手迹与此颇同，同是手辑之本。此数书索直甚昂，仓卒竟无从措书值，然余有必

得之心，虽明知此为最大贪障，一时亦无从祛之也。壬辰闰五月初六日，挥汗漫书。

显然黄裳已经直接跟绍兴的书商取得了联系，而后他进行了广泛的收购。他在《易测》中又写道：

得此书后祁氏遗书更源源而出，余亦竭力收之，不论丛残，不计钞刻，所得遂多。亦有失收者，如明本柳枝酹江二集即为黠估所得，索高直，不能更出矣。壬辰立冬后一日，重检装讫诸本，更记。

绍兴的这位书商究竟是谁呢？黄裳在《国史纪闻》跋中明确写道：

今日午后偶过来青阁，闻绍兴估人又来沪上，乃与石麒及另一书估至桥北访之，未遇。又折返四马路快阁茶楼小坐，移时估人果至，光头，衣棉袍，缩其肩，状甚可笑。即谢上道也。其人大有名，绍兴书皆渠贩出，祁氏书亦半出渠手。问可携有何书，吞吐不答，越估往往如是。……渠又告祁氏书已将尽，尚有考卷数册，当即承爔彪佳试卷也。又忠敏日记手稿尚存，惟不易出。祁氏后裔有八九房，皆乡居，往返约六七十里，渠颇惮之。贩书利薄，近将作红木生理，每石可售五十万金，只二檯耳。小坐后返寓记此，以为书林掌故。

经过进一步的深入了解，黄裳终于得知了详情，原来仍住在绍兴的祁家后人将藏在家乡的书陆续卖出。当地的书商将其收下后，转卖到上海、杭州等地。恰好这些书又被黄裳陆续收得，虽然其中的大部分后来归了北京图书馆，但黄裳手中还是留存了不少澹生堂的珍本。二十年前，黄裳夫人小燕得病需要买进口药治疗，黄裳陆续卖出一些澹生堂旧藏，我也得到了其中的几种。这也算与此事的一段因缘吧。

后来我去到绍兴，方俞明先生告诉我，二十世纪五十年代初，澹生堂散出书的那个房屋如今仍在那里。闻听此言令我大感兴奋，我立即提出请其带我前往一访。于是方先生带着我同几位书友同去探访，其地点位于绍兴市柯岩街道梅墅村祁家 54—57 号。

穿过几条小巷，来到了一处破烂的院落。当地一位研究文史的年轻朋友朱新学告诉我，这就是祁家院落剩余的部分。眼前所见，这个院落不足一百平米，里面私搭乱盖了许多简易房，朱新学让我注意地面台阶上的条石，这些条石又宽又长，有几块的长度超过了三米。这样的条石都是当年的大户人家所有。

正房的房门上着锁，而侧旁的房屋如今已经坍塌了一半，从这些废墟中穿过，来到了祁家老房子的背面。转身回望，房子的倒塌乃是进行时，因为风吹过来，房屋上面的檩条微微颤动，时不时地掉下一些土块。方兄提醒众人，从下面走过时一定要小心。

朱新学告诉我，他此前已几次到这里来探访，由此而了解到，这处房屋在二十世纪五十年代就已成了生产队的集体财产，而到八十年代，这处房子又转卖给了私人，购买者是一位姓徐的老先生。朱新学曾经采访过此人，了解到五十年代何以卖出了一些祁家旧藏。

原来祁家的藏书虽然大部分损失了，但还是有一些重要的部分被封闭在了祁家夹墙之内。祁家后人是否了解这些情形，现在也不清楚，也许是家人都知道这个秘密，但大家都守口如瓶。五十年代初，祁家有一位后人在北京工作，其大老婆守着故宅，这位女眷因为精神有些问题，再加上没有任何的收入，故从夹墙中拿出这些书来售卖。但她对书籍完全不懂，所以这些书只是卖给了收废品者，后来这些收废品的人又转卖给了书商，最后这些书层层加价卖到了上海、杭

曾经的祁家院落如今的所在地

老房子正在倒塌中

沧海桑田的变化令人感慨

州，才被黄裳发现了，所以才有了后来的故事。

我问另一位当地朋友章利刚，经过他们的探访，当年的祁家包括现在村中的哪些地界？章先生说，我们刚才所走过的几条小街巷原本都在祁家的范围之内。其实不只如此，祁家当年的花园——旷园，已经处在了河的对岸。

于是我跟着这两位先行者前往旷园探看。一路向前走，穿过一条河，来到了一处厂房近前。厂房的后方有一块占地百十余平方米的台地。方俞明说，这就是旷园中仅剩下的假山。

其实此园原本叫密园，张玮在《祁承㸁藏书及文献学思想研究》一书中说道："祁承㸁的私人园林称为'密园'，园中有亭曰'旷亭'，因而世人又称其为'旷园'。"

可能是由于这个原因，后世都认为澹生堂处在旷园之中，张玮在文中又有如下简述：

> 祁承㸁又作《行园略》详述密园内的景致，从中可见，密园内除澹生堂外，另有密阁、卧读书架、脉望窝、快读斋、夷轩、输廖楼等多处地方用于藏书、读书。祁承㸁在密阁为"就日为度，而四敞之，以贮古籍"，脉望窝则为"藏书之所"，

卧读书架则“藏之见壁不见书，启而辟之，见书不见壁。方蝶舞之栩栩，何知蠹鱼之为适，盖卧则宜榻，读则宜庋”，而输廖楼则是最主要的藏书处，“有楼三楹，主人以庋书者，为输廖楼，四敞玲珑，可便检阅”。此外，夷轩、快读斋等，皆为祁承㸁读书之所也。

可见，当年的密园是何等之壮观，里面建了那么多的藏书之所。而当我等来到这里时，眼前所见，仅是一个被水泥台围起的小假山。这样的感慨岂止是令人唏嘘不已。

而今这座假山之上还长着一些低矮的植物，我用手扒开一些土层，在下面看到了大块的太湖石。此前不久，方俞明已经带领浙江图书馆的陈谊先生来过此处，并且他们在此成功地拾捡到几块小的太湖石，而方先生也特意给我留了一小块。如今，我登上了祁家的这座假山，却发现找到小块的太湖石并不容易。这让我更加感念方兄的美意。

而后，众人纷纷登顶，站在假山之上四处探望，目力所见假山的周围全部变成了新式的楼房。当年旷园的规模已经看不出轮廓，沧海桑田般的变化无法不让人感慨。而我在感慨之余，继续在假山顶上寻找着小块的太湖石，真希望能够得到几块，以此来分给其他的爱书好友。真希望有关部门哪天能将这个花园开放，而后将山上的太湖石分割成小块，让天下每位爱书人都分得一瓣馨香。

五桂楼：开放书楼，巧存禁书

黄澄量五桂楼位于浙江省余姚市梁弄镇五桂弄6号，十余年前第一次寻访藏书楼时我曾经来过这里。当时阴雨连绵，乘车极不方便，我住在一家很破烂的小宾馆里，夜里还遇到了打劫，这一夜的担惊受怕，使得第二天的寻访疲惫不堪。因此那一趟的五桂楼之行，给我的印象偏负面，尤其遗憾者，是当时也没有看清楚楼内的具体情形。因此，再次来到了浙江，仍然重走老路，二探五桂楼。

前往梁弄镇的路上，看到大量的灯具广告，而后方知，这里已经被命名为"中国灯具之乡"，广告上说，长安街上以及三峡大坝用的都是这里的灯具，社会变化之快，非我这等愚钝之人能够想象者，我还是关心古人的这些藏书楼吧。而今，因为乡贤的偏好，黄澄量所建的五桂楼，被称为"天下第二藏书楼"，这个说法估计难以获得业界的共识。万蔚萍写了篇《五桂楼私家藏书文化演进探讨》，文中也给五桂楼排了座次：“五桂楼与天一阁、玉海楼、西涧草堂并称为浙江四大私家藏书楼。”这个说法倒是很客观。

黄澄量为清中期藏书家，字式筌，号石泉，生卒年不详，《余姚县志》载其曾师事孙磐、诸重光，笃志力学，于书无所不窥。因家事所羁，黄澄量未曾参加过科举考试，然而他虽无功名，却是地道的读书人，友人胡芹曾称他“每得一书，添一目，即读一书，而十而百而千而万，记于目者记于心，是亦博闻强识之一助也”。所著有《四明耆旧传》《四明游记钞》《姚江书画传》及《石泉公遗诗》等，尝以日常生活入诗，赋《书睡》诗曰：

> 生年未卅岁，夜睡曾不足。
> 若非书中寝，一日终踖踽。

蒋清翊《五桂楼藏书记》中称其：

> 器度融和，风神渊穆，整躬比于圭璧，好学甚于丹青。执卷庭中，雅同高风，带经陇畔，有类倪宽。托白苎以高歌，缄青箱而劝学。先生思宏传研之心，永念遗籯之教。留心缥素，肆力丹

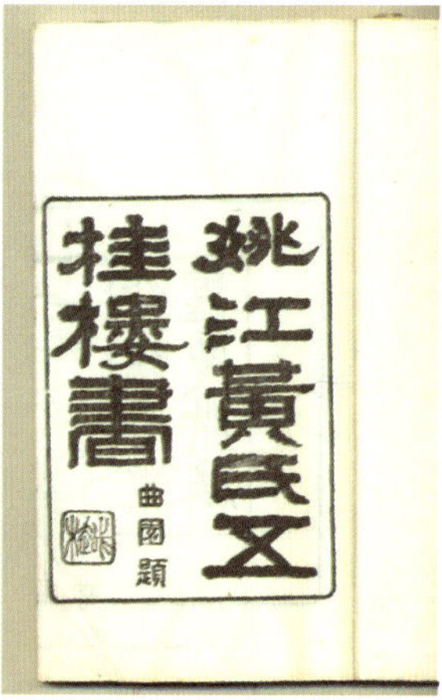

《五桂楼书目》书牌

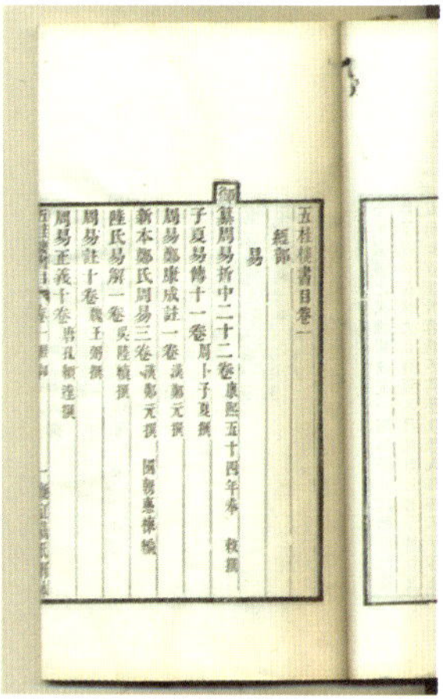
五桂樓書目卷一
經部
易
御纂周易折中二十二卷康熙五十四年奉　敕撰
子夏易傳十一卷周卜子夏撰
周易鄭康成註一卷漢鄭元撰
新本鄭氏周易三卷漢鄭元撰　國朝惠棟編
陸氏易解一卷吳陸績撰
周易註十卷魏王弼撰
周易正義十卷唐孔穎達撰

《五桂楼书目》卷首

铅，过秦相之门便求《吕览》，入蔡邕之帐试索《论衡》。搜坠简于荒陵，受异书于神石。巨编既辑，不遗安石之碎金；小道可观，兼采寒山之片石。举凡鹿洞谈经之作，龙门经世之文，漆园藏室之言，唐勒景差之制，以至九章算术、五垒兵图、星宫风角之渊微，王相握奇之阴奥。三乘秘藏，衍香象于元宗；九龠仙经，刊飞龟于丹帙。网罗略备，囊括无遗。

嗜书如此，当然要建书楼以储之，五桂楼即黄澄量所建之藏书楼，始建于嘉庆十二年（1807），其名称得来，源自黄氏先祖中曾有昆季五人同在朝中任官，这五位昆季分别为黄开、黄闶、黄阁、黄闾、黄闻，宋高宗又有《送五子还乡》诗，其中有“普天夫子铎，仙籍桂枝香”句，黄氏族谱中又多次以“五桂”来称誉这五位先祖，黄澄量遂以“五桂”颜其斋。五桂楼中所藏珍籍之富，又有“浙东第二藏书楼”之称，楼中曾储书六万余卷，仅方志就有四千余卷。黄澄量在世时，曾编有《五桂楼书目》四卷，著录藏书五万余卷。其去世后，子黄肇震继承父业，继续收集图书，将五桂楼藏书增至六万余卷。咸丰十一年（1861），太平军进入梁弄镇，五桂楼藏书因之部分散佚，嗣后黄澄量之孙黄联镖、曾孙黄安澜重振家风，经多年搜讨，不断购进，终于将藏书基本恢复至原有规模。黄联镖同治九年（1870）在《姚江黄氏五桂楼书目》后记中曾述及此事：

> 先王父石泉公性嗜篇籍，租入之余，悉以市书，历十余年，积卷五万有奇。列柜二十，筑五桂楼藏弆其中。先大父药溪公裒聚增益又不下万卷，楹书之富甲越中。辛酉之难，稍稍散佚。

（联镖）念手泽之存，命仲儿（安澜）谨为整理。部次之紊乱者更之，卷叶之乱者序之，其阙佚者随搜补之。自乙丑秋季迄今庚午冬仲，历寒暑仍还旧观，藉承先志并勖后人焉。

五桂楼为浙东第二，第一当然是宁波范氏天一阁，天一阁登楼之难众所周知，藏而不用尽饱蠹鱼，令无数藏书爱好者扼腕。五桂楼则不同，黄澄量不仅将藏书对外开放，还向前来观书者提供食宿，于当时学子而言，可谓功德无量。黄澄量在《姚江黄氏五桂楼书目》序言中写道：

> 今世藏书之家唯宁波天一阁为最久，其制厨门楼钥子孙分房掌之，非齐至不得开，禁以书下楼梯及私引亲友擅升，皆罚不与祭，故历久而书不零落。余既构楼三间以藏此书，益欲子姓守之，后世能读楹书，可登楼展视。或海内好事，愿窥秘册者，听偕登焉。尝见世之谋子孙者，求田问舍，计非不周至，然数传之后不免窭贫，重念籝金之教，此余藏书之本意也。嘉庆辛未春仲石泉识。

黄澄量明确解释了他开放藏书的原因，对比天一阁藏书的弊端，所以他决定将自己的藏书对外开放。五桂楼藏书在对外开放的状态下，一直保存到民国年间，直至新中国成立初期，政府将五桂楼藏书中的全部方志类以及其他善本共计六千余册，运往杭州，由浙江省图书馆收藏，另有一部分，尚存余姚博物馆。

其实用今人的眼光来看，五桂楼藏书的质量不是很高，因为它没有什么重要的宋元善本。然而它之所藏也有自己的特色所在，是因为它珍藏了许多明代的禁毁书，这些书有不少后世都已经失传了，然而黄家所编的《五桂楼书目》中，却未见对此的记载。此后由于一个偶然的原因，才让人们了解到这件事的真相。

童正伦先生曾有一篇文章，名叫《沧海有遗珠——〈明文类体〉考释》，此文中有如下一段：

> 五桂楼藏书数量可谓富矣，然书目不记版本，因而难窥珍奥。尽管有言不乏宋元刊本、名家稿抄者，然今见之基本为明清刊本。在浙江图书馆所藏部分书中有一部明代总集稿本，却是奇书。书有百余册，全用明刻本拆散按类编排而成，与黄宗羲《明文案》稿本（藏天一阁）编法类似。1972年顾廷龙偕沈津来浙江图书馆见到此

书，随手翻阅，见不少是禁毁书，更有许多是罕见书，大加称赞："这是一部稀有的好书！""文化大革命"风雨过后，谢国桢南下江浙访书，见到此书也极为称颂，提议进行复制。此书部帙庞大，且无目录，一时难以尽窥全豹。

浙图收藏的这部书有一百三十八册之多，是用不同的明版书拆散之后，根据类别重新编排，显然要组成一部新的著作，由此看来，这是一部未刊稿。此书的书名题为《今文类体》，所说内容全为明人著作，如此说来，这部大稿应该是一位明代人所编纂。然而该书没有写明编者为谁，但《五桂楼书目》中却载有"明文类体一百四十册，自编未梓稿本"，即此可知，该书为黄澄量所编。

童正伦先生将这部大稿的内容进行了仔细的分析，总结出此稿收有禁毁书二十一部，孤本及稀见本四十余部，这个发现令童先生很高兴，他在文中说：

第一类禁毁书虽遭乾隆朝大肆摧残，五桂楼能冒危收藏（其中不少是全毁书）保存下来非常难能可贵，但今基本皆有传本；值得重视与关注的是第三类孤本及稀见本，此是令人惊奇振奋的！

种数竟占到全书一半，并且是以原刻本面目保存下来，文献价值和版本价值无疑是巨大的，无怪乎古籍界前辈会异常赞赏重视。

但是，黄澄量下了这么大力气，并且毁掉了自己不少的藏本而编出这样一部大稿，为什么不署上自己的大名呢？童先生认为，这是因为书中涉及太多的清代禁毁书，如果被人举报他藏有这么多的禁毁书，并且还给这些书进行编排，那结果可想而知。黄澄量既希望能够保存一代典籍，同时还不给自己带来灾难，所以，他为此动了不少脑筋：比如他把“明文类体”改名为“今文类体”，这似乎看上去像一部明代人编的著作；同时在所收书的内容上，他最晚用到了天启刻本，而这些明版书中，没有一部是崇祯刻本，这样一旦被人举报，审查起来，就会被认定为该书编于明天启年间。即此可见，黄澄量也很懂得巧妙地保护自己。而今他精心制作的这一百四十册的大稿本，其中仅遗失了两册，其余皆完整地保留在浙图的善本库房里。真希望这部书能够影印出版，也让今人看到那些难得一见的罕传之本。

上次寻访五桂楼时值雨季，此次寻访则天气晴朗，阳光炙烈。穿过几条小巷来到楼前，五桂楼明显比上次所见新整，应当是近年维修过。从外观看，所有木质门窗都经过翻新，但砖石结构仍然是原有故物。大门开着，几套中式桌椅摆在一楼厅中，映衬着新刷过的雪白墙壁，墙上还挂着装饰性的木雕，楼里非常安静，反而显得略有些空寂。上次所见的“七十二峰草堂”匾额仍然挂在正中，此番再睹，竟然有些亲切。之前并不知道五桂楼又名七十二峰草堂，后来查阅资料，始知其来历：旧时宁波有四明山，山有七十二峰，登五桂楼远眺，可一览四明七十二峰，故又名“七十二峰草堂”。正拍照间，一位五十岁上下的工作人员自后面出来，我见其态度和蔼，问他可否上二楼看看，上次来访未曾登楼，心中始终有些遗憾。这位工作人员以为我是偶然路过的游客，说：“上面是藏书楼，书都运走了，没有什么可看的了。”我告诉他，我知道这是藏书楼，并且就是冲着藏书而来。他说这里目前还没有正式开放，大概要过两年才开放：“上面都是空的，什么都没有了，书都到了余姚博物馆，这里只剩下一些书柜。”听见有书柜，我兴趣更浓了，没有书是意料中的，但能看看黄澄量的书柜也是好的。我再四恳请，告诉他自己对藏书楼别有兴趣，已经看过嘉业堂、铁琴铜剑楼、天一阁等等，希望能够打动他，果然他缓缓掏出钥匙让我跟着他上楼。楼梯间极暗，

维修一新的五桂楼

正对着五桂楼的“五桂传芳”

二楼的陈设令人感到庄重

黄澄量当年所用书橱

推开后墙上的一扇窗始见梯阶。刚上二楼，即见墙上挂有毛笔书写的五桂楼简介，最后两段是：

> 藏书楼现存古籍缮本十九部（625册），特藏古籍、书四十一部（578册），连普通藏书共有八千余册。1981年6月11日，余姚县人民政府公布为县重点文物保护单位。

上到二楼，一入眼即是高大的书橱，整个二楼打通，没有正厅偏厅之分，大约二十余个高两米半、宽一米半的书橱整整齐齐摆在其中，每个书橱上都贴有标签“第 × 号”，打开其中一个，里面又分为五层，虽然空空如也，但我仍然能想象出它曾经摆满古籍的样子。可能是担心漏雨，或者维修期间会受到影响，每个书橱顶上都铺着一层塑料布，新近刷过油漆的门窗与陈旧书橱呈现出明显的对比。看着前人的书橱，我多少是有些兴奋的，极亲切，又极感动，在书橱间来回走着。想起自己从藏书以来，批量的制作书柜约有四五次，零散做的不下十次，每次做书柜，材质、大小都是根据书房的体量而制，最终汇在一起，看上去总是参差不齐，远不如五桂楼有着这样强烈的整体感，让人目睹时感觉到一种庄重。站在五桂楼上，默默想着哪天自己可以建藏书楼时，一定要毫不吝啬地将现有的书柜全部换掉，追慕前贤，把书柜改成整齐划一的式样。

来回走动间，看见正厅中间悬挂着“五桂楼”匾额，下署“白水山人”，于是又拿起相机拍照，工作人员见状，说:“这个是新的，下面那个‘七十二峰草堂’才是老的。”然后推开前窗让我看庭前小院，花坛后的粉墙上写的“五桂传芳”正对着五桂楼，又令我联想起当年书友们在此推窗闲话之景。据说当年站在这里可以看见七十二峰，现在却只能想见七十二峰了。

看完五桂楼，感谢了那位守楼者之后，我循原路往外走，经过其旁边的一座旧宅，也是两层的清代建筑，尚有人家在里面居住。据说五桂楼两旁曾经有过两间书房，名叫“爱吾庐”，后扩建为五间，更名为“梦花书屋”，是黄澄量当年会友、写书之所，旁边另有平房若干，是当时工匠雕版印书之所，未知这座五开间的两层旧宅是否就是当年的梦花书屋?

富厚堂：功名显赫，读书为本

曾国藩的富厚堂在湖南省双峰县荷叶镇富托村，地点非常偏僻。然而路途的不便尚在其次，可恨的是天公不作美，大雨没完没了地下了一整天，使我对它的寻访变得极为艰难。这一天里尽管诸多不顺，找到富厚堂却是唯一顺利者，大概是因为它太过有名，沿途都有路牌指示。确切地讲，富厚堂应该是曾国藩的故居，而不是专指藏书楼，曾国藩的藏书楼只是富厚堂建筑群中的一部分，然而恰恰这一部分，才是富厚堂的精华所在。

曾国藩在中国近代史上可谓声名显赫，关于他的历史事迹记载太多，所以讲到曾国藩，我也同样有着“一部‘十七史’，从何说起”的感慨。曾国藩的确有着异于常人之处，然而他在年幼之时，却并没有特殊的表现。有资料说，他在小时候，学习特别笨，别的学生背诵文章，很快就能诵读下来，而曾国藩念很多

富厚堂大门

遍还是不行。某天，有篇文章他始终背不过，于是他就回到家中一遍一遍地背诵，一直到了后半夜，但依然背不下来。他家的门外一直有个贼，在等曾家人入睡之后好盗窃，然而曾国藩一遍一遍地背诵，始终不入睡。这让此贼忍无可忍，于是就走入屋内指责曾国藩说，这么一篇短文，这么长时间你都背不过，我在窗外都听会了。于是，此贼将那篇文章从头到尾给曾国藩背了一遍，然后扬长而去。

曾国藩对于历史的贡献我就不废话了，只聊几句历史上对他的评价吧。除了他对挽回大清败局的努力，历史上对他更多的评价是他知人善用，比如薛福成说他：

> 曾国藩知人之鉴，超轶古今，或邂逅于风尘之中，一见以为伟器；或物色于形迹之表，确然许为异材。平日持议，常谓天下至大，事变至殷，绝非一手一足之所能维持。故其振拔幽滞，宏奖人杰，尤属不遗余力。

从他的经历来看，我觉得曾国藩跟诸葛亮有一比：他们都是文人，然而都去带兵打仗。诸葛亮肯定不是武艺高强的战将，而曾国藩其实也不会冲锋陷阵，他们两人最大的本领，就是会用人。所以，他们所站的高度已经超越有着万夫之勇的大将。曾国藩组建湘军，但他并没有军事为先的治国思想，他曾经说，“兵少而国强”，“兵愈多，则力愈弱；饷愈多，则国愈贫”。这是站在国家的高度来看待军队问题。

因此，曾国藩绝对是一位大政治家。镇压太平天国运动之后，清朝有了短暂的中兴之象，这当然跟曾国藩有极大的关系，蔡东藩说：“若曾、胡二公，文足安邦，武能御侮，清之不亡，赖有此耳。”但很多事情

《曾文正公文集》书牌

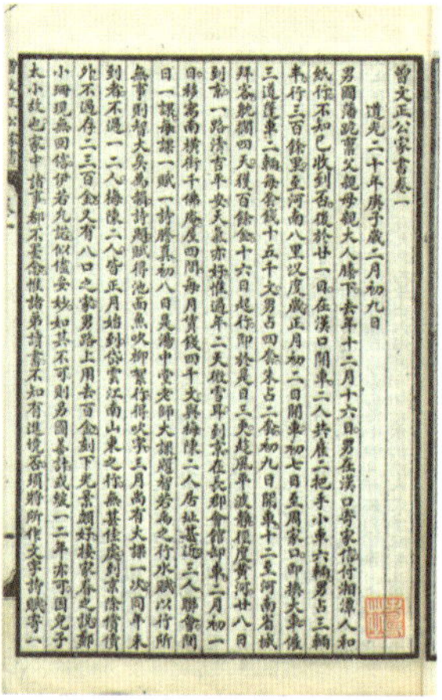
曾文正公家書卷一

道光二十年庚子歲二月初九日

《曾文正公家书》民国石印本

要看站在哪个角度来看待，比如章太炎则对曾国藩有这样的评价：“曾国藩者，誉之则为圣贤，谳之则为元凶。”曾国藩使摇摇欲坠的晚清得以中兴，恰恰延缓了中国封建社会的结束，不过从反面来说，这也恰好印证了曾国藩是一位力挽狂澜的历史英雄。

同治四年，曾国藩有了功成身退的打算，他准备带着家人返回故乡，于是就想在故乡建起一座安度晚年的庄园。他家原居住之处门口有一个水塘，但是这个水塘里曾经淹死过人，曾国藩的夫人欧阳氏对此有

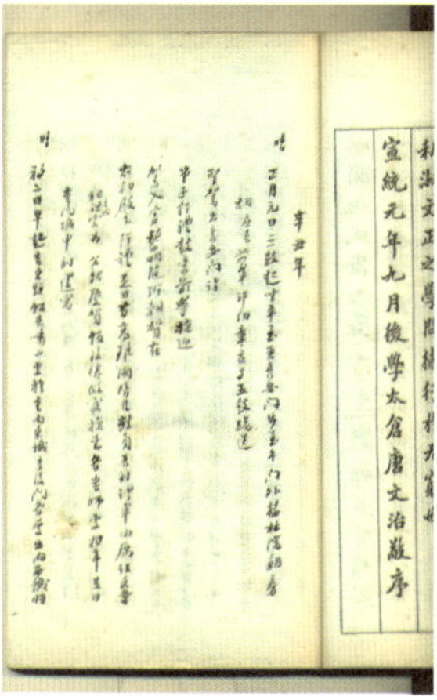

宣統元年九月後學太倉唐文治敬序

《曾国藩日记》商务印书馆影印本

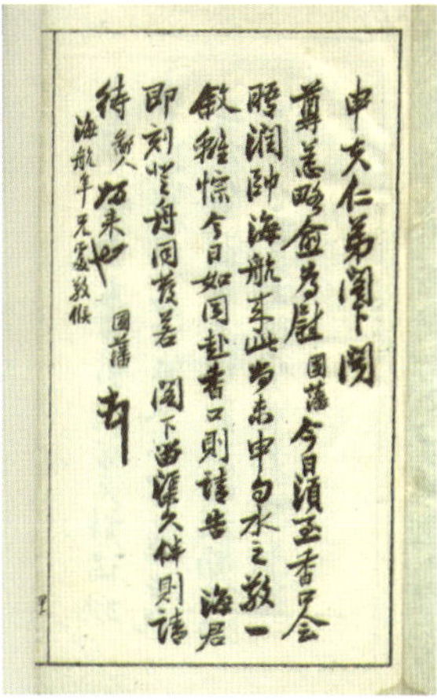

《曾国藩手札》清末石印本

所忌讳，曾家人就另选了一个地方重新建造，所选之处就是富托村。

于是曾国藩安排曾国潢、曾国荃和曾纪泽来操办此事。对于这处庄园的建造，曾国藩提出的要求是：

> 屋宇不肖华美，却须多种竹柏，多留菜园，即占去四亩，亦自无妨。

然而实际上，这个宏大庄园的建造，显然没有尊奉他的这个原则，整个富厚堂占地达到四万多平米，建造的时间也近十年，可见，为了建造这处庄园，曾家确实下了大功夫。但是，建造这么大的庄园肯定有很大的花费，按照曾国藩的处世态度，“总以钱少产薄为妙”，知道了建造此屋的巨大花费，他在日记中感慨道：

> 接腊月廿五日家信，知修整富厚堂屋宇用钱共七千串之多，不知何以浩费如此，深为骇叹！余生平以起屋买田为仕宦之恶习，誓不为之。不料奢靡若此，何颜见人！平日所说之话全不践言，可羞孰甚！屋既如此，以后诸事奢侈，不问可知。大官之家子弟，无不骄奢淫逸者，忧灼曷已！

曾国藩一生为人谨慎，镇压太平天国运动之后，他已经成了天下影响力最大的人物之一，那时他的弟子赵烈文曾劝他，拿下皇帝，取而代之，但曾国藩坚决不肯。而今建造这样一个宏大庄园，也绝非他的初衷。但曾家人还是建起了这样一座大庄园，并且在里面建起了几座藏书楼，这对我这位爱书人来说，当然是高兴的事情，至少我可以骄傲一把：连曾国藩这样的伟人，都喜欢藏书，可见书籍对人是何等的重要。其实我明白，把曾国藩列为藏书家，反而是他宏大业绩中的一个细枝末节，但我宁愿相信，他的那些治国方略，就是因为读了那么多古书而受到的启发。

曾国藩的藏书活动贯穿着他的一生，最早的购书记载似乎是道光十六年（1836），曾国藩赴恩科试罢，回乡途中在书肆见到《二十一史》（亦有说是《二十三史》），不禁怦然心动。在此之前，曾国藩从未见过如此大部头的书，非常想得到它，但当时的曾国藩尚未发迹，囊中盘缠还是借来的，如果再将盘缠用来买书，那么就无法回家。想到就此错过之后，回到乡下即便有钱也很难买到，于是他将自己随身的四季衣服送进了当铺，将这部《二十一史》买了下来，最后费尽力气把这部大部头书弄回了老家。这件事被他父亲知道后，非常高兴，鼓励他说："尔借钱买书，吾不惮极力为你弥缝。尔能圈点一遍，则不负我矣。"

道光十八年（1838），曾国藩考中进士，供职京师，经济逐渐好转，公事之余，每日流连琉璃厂，所得俸金大部分都用于买书，还在琉璃厂结识了许多同好，这些书友日后或为姻亲，或成幕僚，都与富厚堂藏书有着千丝万缕的关系。富厚堂主体落成于同治六年（1867），因曾国藩被封为"一等毅勇侯"，所以这

富厚堂地处偏远，所有藏书皆从外地运回

藏书楼不在正宅部分

“芳记”藏书楼内景

座宅子是名副其实的侯府。其实富厚堂的原名为八本堂，此名为曾国藩所起，来自这句话："读书以训诂为本，诗文以声调为本，事亲以得欢心为本，养生以少恼怒为本，立身以不妄语为本，居家以不晏起为本，居官以不要钱为本，行军以不扰民为本。"但后来，曾纪泽取《汉书》中"列侯大者三四万户，小国自倍，富厚如之"之意，将八本堂改名为富厚堂，以此暗示这是一座侯府。富厚堂最早的建筑并未包含专门的藏书楼，是曾纪泽在入住之后，才发现家中没有合适的地方存放书籍，于是在家书中向父亲禀报此事，曾国藩当即令家人建筑藏书楼，并强调："家中造楼藏书，本系应办之事。"于是富厚堂内先后建起了三座藏书楼，分别是求阙斋、归朴斋和艺芳馆，再加上早于富厚堂而建的思云馆，富厚堂中共有四座藏书楼，而四座藏书楼又各有其特色。

思云馆独立于富厚堂主宅之外，大约建于咸丰七年（1857），这一年曾国藩父亲去世，曾国藩从江西奔丧返家，亲自建造了思云馆，取"望云思亲"之意，以纪念去世的父母，并规定了思云馆的用途。他在家书中说：

其天家赐物及宗器祭器等概藏于祠堂，庶有

思云馆专藏京中运回书籍，后为曾宝荪的藏书室

思云馆内的曾国藩卧室

思云馆内布置的书房

所归宿，将来京中运回之书籍及家中先后置书亦贮于此祠。

曾国藩去世后，思云馆一度成为其曾孙女曾宝荪的藏书室，抗战期间，曾宝荪还将自己在长沙所用书籍也运回了思云馆。富厚堂南端的求阙斋又称“公记书楼”，是侯府内最大的一座藏书楼，曾国藩对于斋名的解释为：

> 今吾家椿萱重庆，兄弟无故，京师无比美者，亦可谓至万全者矣。故兄但求缺陷，名所居曰求缺斋。

求阙斋里主要收藏着曾国藩日记、家书、手札、奏稿等，以及曾国藩搜集而来的各地史志、名人字画与宋元旧籍。归朴斋位于富厚堂北侧，又称“朴记书楼”，当年是曾纪泽的藏书室，与求阙斋之间连着一条长长的走廊，这里除了经史子集之外，还有许多曾纪泽从国外搜集而来的西文书。艺芳馆则是曾国藩次子曾纪鸿与夫人郭筠的藏书室，位于富厚堂北侧，与归朴斋相对应。曾纪鸿夫妇兴趣相同，都喜欢书画、诗词及西洋科学，所以书楼里除经史之外，还收藏着许多子部杂家类书籍，如医、卜、星、相等等，也是曾氏后人最喜欢进去阅读的一座书楼。

富厚堂虽然贵为侯府，却改变不了地理位置极其偏僻的事实，附近并无大的书肆，楼中三十万卷藏书，基本上都是从京师等地翻山越岭搬运而来。除却零星散寄，有记载的大规模运书活动就曾有过四次，其中第二次为委托书友兼姻亲的袁芳瑛督运。袁芳瑛是清代著名的大藏书家，他选书的眼力可想而知，可惜袁芳瑛的卧雪庐已无迹可寻，但他的旧藏，我却得到了几部。令人扼腕的是，袁芳瑛运书途中染疾，病死在路上。曾国藩去世后，儿孙们延续着读书和藏书的传统，并不断丰富着所藏，一直到1950年整个富厚堂收归国有，其中的大部分藏书也于不久后被运至长沙，分别保存于湖南省图书馆及湖南省博物馆。1996年，富厚堂被公布为省级文物保护单位，2006年升级为全国重点文物保护单位，级别的升高并没有令富厚堂回归旧貌，让藏书回到旧居，今天的求阙斋和思云馆等楼内，依然空空如也。

十余年前，我第一次寻访书楼的过程中，曾经到过富厚堂，当时从长沙乘中巴到达荷叶镇，走了4个小时，如今高速路虽然通车，我却并没有快上多少，因为遇着大雨天气，走了将近3个小时才到。今日的富厚堂已经变成了旅游景点，门票60元，这是上次来没有的，售票小姐称，门票里包含着另一个景点——曾国藩的出生地，无论你去不去，反正钱是不退的。景区门口围着一圈儿小摊档售卖旅游纪念品，这也是上次来访时没有的。因为大雨的缘故，加上并非假期，整个景区显得空荡荡，看着这些敬业的小摊主们冒着大雨，守在一个游客都没有的景区门前，撑着大伞坚持营业，感觉既怪异又敬佩，生之艰难，无处不见。

富厚堂正门前的泮池是我寻访以来见过的最大者，到底是侯爷府第，不是寻常人家可比。泮池边上插着一排白色的令旗，在大雨中湿答答地下垂着，看不清上面写着什么，唯一可辨的是那张红色的大旗，上面写着“帅”字，乍一入目，顿有来到了水泊梁山的感觉。沿着泮池来到富厚堂正门前，四五个工作人员守在门口验收门票，其中一位专门负责登记来访者资料。不明白为何现在变得如此森严，然而制度归制度，工作人员见到我的出现，还是振奋了一下，因为终于有一个活儿可以干了。

今天的富厚堂变得寂寥而空旷，但仍然透出侯府的威严，我对正宅并不感兴趣，直奔最近的藏书楼艺芳馆而去。艺芳馆又称“芳记”藏书楼，楼中悬挂有简介，当年藏书十万余卷，因曾纪鸿重在研究算术，故芳记内有关算术的书籍比较多。当然这些藏书如今都不见了，只是靠墙角的地方示意性地摆了一排书橱，里面陈列着一些装饰性的图书。从芳记出来，接连看了求阙斋和归朴斋。求阙斋在曾国藩去世后，由曾纪泽改名为无慢室，以纪念父亲。无慢室原本是曾国藩做官时所用的斋名，出自《论语》:“君子无众寡，无大小，无敢慢，斯不亦泰而不骄乎？”今天的无慢室门口还保留着曾国藩当年拟的对联:“万卷藏书宜子弟，一尊满意说桑麻。”

走廊的另一头为归朴斋，结构与求阙斋相同，而规模略小，据说在抗战期间，曾有几个美国顾问来到这里，大量的西文书令他们流连忘返，以至不想回到军营。思云馆布置成了曾国藩纪念馆，一楼的正厅中央陈设着曾国藩铜制头像，墙上悬挂着曾国藩与夫人的巨型照片及简介，其中一个房间布置成当年的卧室，与卧室相对应的房间被命名为“曾国藩书房”，但是除了一套桌椅及一个小橱，并没有更多的陈设。

哗啦啦的大雨声中，我行走在这百余年前的侯府里，从一个空房间穿行到另一个空房间，所见每个居室都是净室明窗，我忍不住会想，没有书的楼，还是藏书楼吗？应该是我太过计较了，在二十一世纪的今天，能够完整地保留这些建筑，就已经十分难得了。

在富厚堂的其中一个空房间里，我还看见墙上写着两段标语，其中一段是典型的“文革”遗迹，难得的是它们并没有被清理涂抹，而是罩上玻璃保护起来了，以印证这座百年老宅里曾经发生过的历史往事。历史难以抹去，更为难得的是今人已经有了尊重历史的意识，这种进步更让人感到对未来的希望。

皕宋楼：痛失珍藏，无言结局

陆心源的皕宋楼是晚清四大藏书楼中唯一一个藏书主体流失海外者，古人后知后觉地对此不能原谅，一面倒地谴责陆心源之子陆树藩，因为是他把皕宋楼主要的珍藏卖给了日本人。

近百年来，关于皕宋楼结局的记载，大部分都是这一种说法。1894 年，陆心源去世，留下了自己的藏书以及上海的丝厂和钱庄、湖州的当铺等，他在临终前，嘱咐子女要完整保留他的藏书。陆心源总共有四个儿子、三个女儿，他去世之后，由长子陆树藩掌管家中所有财产，陆树藩也没有跟兄弟姐妹分家。到了 1907 年，陆树藩将皕宋楼的珍本卖给了日本东京岩崎氏，后来岩崎氏建立了静嘉堂文库，皕宋楼的书就都保存在这个文库内。当时，陆树藩卖书给日本人，并没有声张，后来是买这批书的中间人岛田翰写了篇文章出来，世人才了解有这么一件事。从此之后，国内各方面的舆论，都说这位陆树藩是陆家的“不肖子孙”，说他卖书的原因是：“子孙无能，坐吃山空，耗竭家中财产。”

以前，我也受这个观念的影响，认为陆树藩就是这样一位不能固守家业者。大约在二十年前，我读到了一本书，开始了解到一些事情的真相。原来很多事情，包括我在内的人们，都是用情感来替代历史的真实。这本书的名字叫《潜园遗事——藏书家陆心源生平及其他》，作者叫徐桢基，是陆心源的曾外孙，他在此书内详细讲明了陆树藩卖书的曲折原因。

原来陆树藩确实是因为巨额的钱财亏空，才会想到了父亲藏的这批书。而亏空的原因，却并不是他消耗祖上的钱财，而是因为做善事，导致了这个结果。

这件事情还要从1900年八国联军进攻天津和北京讲起。这场战乱，使得很多身在北方的南方人受到了极大的牵连，因为事情起得突然，这些人都没有什么准备，又无钱归家，成了难民。陆树藩为了解救这些人，由他倡议，成立了救济善会，并由他来担任董事长。救济善会包下了两艘大轮船，先后两次赶赴天津，救回南方的难民六千多人，还运回了两百多具棺木，其中包括一些重要的名人的棺木：比如聂士成，这是跟八国联军在天津打仗，直至战死的英雄；另外，还有进谏慈禧太后，希望不要支持义和团杀洋人而被处死的许景澄、袁昶、徐用仪等大臣的棺木。为这些善举，陆树藩花费了十万多两白银。救济善会成立后，李鸿章代表清政府拨给此会白银两千两，余外的全部靠陆树藩去募捐，他虽募集到一些钱，但远远不够用，于是只能向银行借款。此项借款，到救济善会解散时，会员散去，无人再填补这个窟窿。他身为董事长，这些费用实际最后都由他个人来承担。

在善会成立之后，李鸿章还请陆树藩在天津、北京等地赈灾，因为借款之事，又亏了近十万两，这些款项也需要陆树藩来偿还。

在这么大的亏空之下，陆树藩只能靠卖书来还债，最终将藏书以十二万银圆卖给了岩崎氏。陆树藩得到了十一万八千银圆，其中的两千银圆做为中间费，支付给了岛田翰。

做善事而得到这样的结果，不但没有人同情，还遭到如此多的谴责，这种大不平的真相让我读起来确实是不舒服。而陆树藩本人，因为做善事而付出这么大代价，他心里的不平又向谁说去？可以想见，他有多大的压力和委屈。几年之后，陆树藩就剃度出家，皈依佛门了。他在自己的《自题小像》中写下这样的诗句：

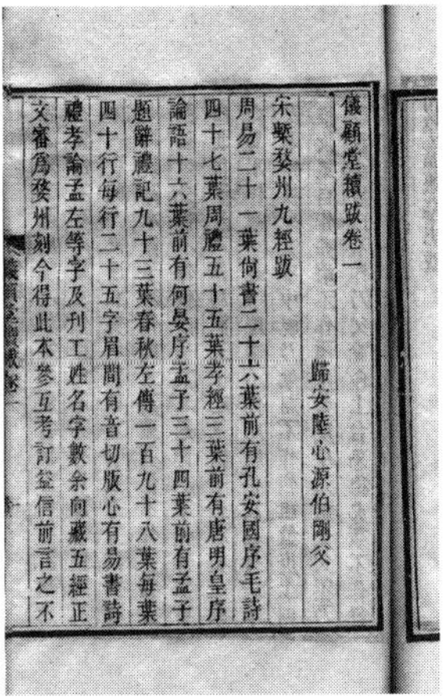
儀顧堂續跋卷一
歸安陸心源伯剛父
宋槧婺州九經跋
周易二十一葉尚書二十六葉前有孔安國序毛詩
四十七葉周禮五十五葉孝經三葉前有唐明皇序
論語十六葉前有何晏序孟子三十四葉前有孟子
題辭禮記九十三葉春秋左傳一百九十八葉每葉
四十行每行二十五字眉間有音切版心有易書詩
禮孝論孟左等字及刋工姓名字數余向藏五經正
文審爲婺州刻今得此本參互考訂益信前言之不

陆心源撰《仪顾堂续跋》

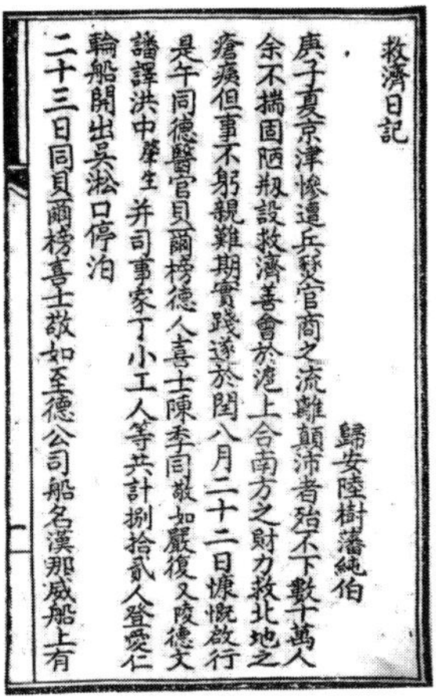
救濟日記
歸安陸樹藩純伯
庚子夏京津慘遭兵燹官商之流離顛沛者殆不下數十萬人
余不揣固陋擬設救濟善會於滬上合南方之財力救北地之
瘡痍但事不躬親難期實踐遂於閏八月二十二日慷慨啟行
是午同德醫官貝爾榜德人喜士陳季同敬如嚴復又陵德文
譒譯洪中孝生 并司事家丁小工人等共計捌拾貳人登愛仁
輪船開出吳淞口停泊
二十三日同貝爾榜喜士敬如至德公司船名漢那威船上有

陆树藩《救济日记》

佞佛不持斋，何必守三戒。
世态本炎凉，人情尤险恶。
穰富以济贫，此心无愧怍。
魂魄若返真，坦然对天日。

这首诗真实地写出了他的愤懑之情，但世人不会这样去理解他，甚至有人说出“异域言归，反不如台城之炬、绛云之烬，魂魄犹长守故土也”这样的赌气话，说把书卖给日本人，反倒不如钱谦益绛云楼一把火烧掉了那么多的真迹，虽然书没有了，但是书魂还在中国。这种话听起来特别能激起民族情绪，也特别容易引起共鸣。但平心而论，陆树藩卖书是他家的私事，他没有违反当时的文物政策，因为国家没有法令规定中国人不可以把善本书卖出国门。陆树藩处理自己的家产，为了偿还他做善事而欠下的巨额债款，我不知道这有什么可谴责的。更何况，书保存在了日本，远比绛云楼一把火烧掉要好，毕竟这些善本是人类的文化遗产。

陆树藩也同样有着爱国心。在将所藏卖给日本人之前，陆树藩就感到自己的家族力量难以保护这些藏书，他曾想把这些书捐给公家，他给上海工部局写了封信，信中有这样一句话：

> 拟将家藏书籍数十万卷作为公家之物，并创建藏书楼及格物工艺院，恳请贵局拨定公地，一面筹款建屋以垂久远。

工部局对此也很感兴趣，于是，派传教士李提摩太专门到湖州来看陆心源的这些旧藏。陆树藩提出了一些条件，包括书楼要用陆心源的名字来命名等，上海工部局都同意了。可惜的是，庚子事变发生后，就如上面所说，陆树藩的主要精力在忙于筹款救灾，捐书并在上海建藏书楼的事情也就搁置了下来。等到救灾的事情平定之后，他已经欠下了巨额债款，没有能力再把这些书捐给公家了。即使如此，他当时还是想把书卖给国内相关机构，联系过涵芬楼，但在约定时间张元济没有筹足书款，陆树藩只好将书卖给了日本人。这一切努力再没有人提起过，难道陆树藩的善意就可以这样被屏蔽掉吗？

我看了徐桢基先生的《潜园遗事》后，就有了一睹皕宋楼真容的愿望，十几年前来湖州找到了潜园，在里面没有看到书楼的遗迹。当时以为皕宋楼已经荡然无存了，多年之后我才知道，皕宋楼并不在潜园之内，潜园里的书楼是陆心源的另外一座藏书楼，名叫守先阁。守先阁是专门藏普通书的书楼，陆心源当年很开放，守先阁的书可以让世人来随便翻阅，并且给看书的人免费提供吃饭和住宿的条件。这等好事，到今天都不可能存在。关于这件事，郑观应在《盛世危言增订新编·藏书》中有记载：

> 今日则吴兴陆氏之皕宋楼首屈一指，另建守先阁，请于大府，奏于朝廷，供一郡人士观览，

其大公无我之心，方之古人，亦何多让？

到了1908年，陆树藩将守先阁里的藏书全部捐给了当时刚刚建成的海岛图书馆。但是守先阁的遗迹我却没能在潜园中找到。

这些年来，又读到了一些资料，方明白皕宋楼在湖州月河街8号，于是才有了再一次的寻找。这次来到湖州，正赶上南方少有的冬雪，漫天飞舞的大雪，在北方都很少见到。我先去拜访了赵孟頫的松雪故居，打车前往松雪故居的路上，我已经看到了皕宋楼的门牌号。这个书楼离松雪故居如此之近，只是跨过一条小河，那条河可能就是月河。当年，日本人开着汽船来此拉书，今日这条河道，依然可以通过中型的船。

陆心源故居的大门紧闭着，我只能冒着雪，站在门口观看。这里的故居残存状况跟铁琴铜剑楼有些相像，仅剩下窄而长的一小溜儿。我从资料上知道，陆心源的故居原有四进院落，而今，仅余下原有的三分之一。门的两侧各嵌着一块保护牌，左边的一块是浙江省文物局所颁发的，保护的内容却是“千甓亭”，底下括号小字写着“含皕宋楼”，这让我有点大不平，毕竟陆心源名于世的原因就是皕宋楼的藏书，而不是他藏的这些汉砖，如此写保护牌，太过本末倒置。右边的一块则是对于故居的介绍，上面写着：

> 千甓亭及皕宋楼，是清代藏书家陆心源私宅的一部分，各以其庋藏千余方不同铭文的汉晋古砖和二百部弥足珍贵的宋刊善本而命名。

如此说来，为此立牌的保护者，也坚定地认为陆心源藏的古砖要比这二百部宋版书更有价值。能够看得出，陆心源的这片故居虽然是残存，但还是被刻意地保护了下来。这处古建筑的四围几乎全成了高大的楼房，仅有这处古老的建筑夹在现代的水泥森林之中。我看着那黑色的大门，还是有想进去一看的冲动，于是站在门口用力地敲门。连敲了三遍，都得不到回应。我琢磨这处故居是否有另外的门可以出入，便沿着旧居的三面，一路转下来，渐渐地绕到了后门。故居的后门没有门牌号，正对着的是月河小区 12 号楼。故居后院的情形跟前面反差很大，正门看到的部分明显整修过，而后面的旧居却显出破败之象。这种只整一半的维修方式，颇为奇特。不过，虽然看上去有些破旧，但从楼上窗棂的式样来看，依然比今日的现代金属窗精美许多，但细看每个窗子的回纹图案，却发觉这些木条粗细不一，很可能是用旧料改造的。南方的下雪

在水泥森林夹缝中的皕宋楼

残留的陆氏旧宅

天阴冷潮湿，让我颇感不适应，双脚冻得已经没有了知觉，手中的相机更像是个冰块。在整个参观过程中，我没有遇到这里的住户，也无从了解今日的情形，但我可以想象，当年陆心源由月河运来书时的欣喜之态；也能想象，陆树藩将书拉走之时的黯然神伤。

回来查资料知道，原来陆宅的第四进院落就是“仪顾堂”，仪顾堂旁的小楼楼上是皕宋楼和十万卷楼，宅内还有“穰梨馆”，此馆专门收藏金石文物。文保牌上面说到的千甓亭，则是陆心源专门藏六朝古砖的处所，听说这些砖现在都保留在市博物馆内。

陆心源的藏书质量确实很高，数量也很大，他能做出这样的成绩，当然也需要历史的机缘巧合。有钱是必需的，因为他做过盐官，而经营盐业一直是清代巨富的主要发家方式，这才能让他有钱去大量购书。太平天国战乱以后，江南很多藏书家的书都散佚了，他又赶上了这个时机，于是大量收书。陆心源仅在上海郁松年的宜稼堂，就收购到四万八千多册善本，还有很多大藏书家的书都流入了他的藏书楼。最多的时候，他的宋版书超过了二百种，所以就给自己的堂号取名为“皕宋楼”。有人说，陆心源起这个堂号就是为了超过黄丕烈的“百宋一廛”，因为荛圃以一百部宋版作为自己的标榜，而陆心源则以倍之为自豪。

后世的研究者根据日本静嘉堂的著录，认为陆心源其实没有两百部宋版书。按照静嘉堂的著录，他们得到的皕宋楼的藏书中，有北宋刊本七部八十册，南宋刊本一百一十四部二千六百一十一册，元刊本一百零九部一千九百九十九册。其实，静嘉堂所得到的皕宋楼之书，并非皕宋楼的全部，在日本人买书之前，皕宋楼所藏善本就有一些散佚了出来。日本平成四年（1992），出版过一本《静嘉堂文库宋元版图录》。这本图录，陈捷老师帮我在东京买到了一部，翻看里面所说的书影，确实让我有惊艳之感，感叹自己藏书水平与之相比，简直是天上和地下的区别。而此图录所收，大多数是皕宋楼旧藏。静嘉堂文库中，有十八种古籍被日本的文化部门列为“重要文化财”，其中十六种，就是皕宋楼的旧藏。由此可见，静嘉堂的精华就是由皕宋楼的旧藏支撑起来的。

当年，陆心源在收书的时候，曾经得到过日本藏书家寺田望南的旧藏，计有十几部之多，后来，皕宋楼的书卖给静嘉堂文库的时候，寺田望南也参与了此事，他跟岛田翰一同来负责清点皕宋楼的藏书。我觉得有意思的是，寺田望南的书散出来后，卖到了中国，又由他亲自清点之后，运回了日本。寺田望南的藏书在十余年前偶尔还能遇到，因为他的藏书，全都打着两方章，章文是“读杜草堂”和“天下无双”。这些年来，所见大部分寺田望南旧藏都是佛经，我也买得了其中一部，算是我跟陆心源一个间接的交情：共同买到了某位日本人的旧藏。

关于日本方面究竟花了多少钱买下皕宋楼的藏书，历史上有几种不同的说法，除了上面提到的十二万银圆，按照当时经手人岛田翰的说法，则是十万银圆，他在《皕宋楼藏书源流考并购获本末》一文中写道：

> 今兹丁未（1907年）三月，成斋先生有西欧之行，与树藩会沪上，四月遂订议，为十万元，五月初二，吾友寺田望南赴申浦，越六月，陆氏皕宋楼十万卷楼守先阁之书，舶载尽归于岩崎氏静嘉堂文库。

但究竟花了多少钱，静嘉堂方面从来没有确认过，其实细想想，探究这个也没有什么意义，毕竟那些珍本确实是太珍贵了。到了我辈这里，也只能望书兴叹，再想购买到静嘉堂所藏的这些皕宋楼珍本，几乎已不可能。盼望着市面上能出来一两部陆氏旧藏之书，以聊慰自己望书止渴吧。

过云楼：书画名世，古籍秘藏

在世人的心目中，过云楼名气大，是因为它藏有太多的名画。这些名画藏了一百五十年左右，到 1951 年，顾家后人把这些画捐给了上海博物馆，后在 1959 年又捐了一批，两批总计三百零八件。这些字画是过云楼的全部精品所在。

然而，在傅增湘前往过云楼看书之前，世人很少知道在那座著名的藏画楼中，还有一批质量很高的古籍善本。虽然在古代也有很多藏书家不愿意别人看他的藏品，但很少会像顾氏这样，做得如此决绝：不只是不想让人看，甚至都不想让世人知道。这样的收藏姿态，在我所了解的藏书史中，应该是个案。我以前误以为，顾家认为自己的藏画质量很高，而所藏古籍不能跟那些一流大家相比，所以也许是觉得宣传出去有损过云楼的英名。还有一种可能，就是顾家人认为，画跟书相比，画的价值更高。后来，我读到了一个小故事，才知道我的这种想法是个误解。

过云楼的创建者顾文彬，曾经手写了一份“家规”，让子孙们按此来行事。这份“家规”中列出了“十四大忌”，其中一忌就是不可以“重画轻书”。顾文彬唯恐子孙们忘记自己的教导，便将这个“家训”手写一份，贴在过云楼的门楣上。如此说来，从过云楼的创建者开始，就丝毫没有轻视古书的意思。如果顾家就是不喜欢让别人知道自己藏有很多的珍品，也就是传统所说的“藏不露富”，那么，他的藏书不被世人所知，我也就能够理解了。

但问题是，过云楼的藏画在社会上名气极大，顾家且有《过云楼书画记》传世，如此说来，一点儿都没有怕露富的意思，否则的话，他家珍藏的那些名画放在今天上拍，估计能创造很多的拍场成交额纪录。既然如此，那为什么单单地不想让别人知道他家藏有很多的善本呢？

有关过云楼的藏书秘玩情况，最初来源于大藏书家傅增湘。他曾经到过云楼看过书，当时的楼主顾鹤逸不知什么原因，竟然答应了傅增湘的看书要求。但他有个约定，那就是书可看，但记录不可以做，傅增湘也答应下来。傅增湘的记忆力很是惊人，他遵守约定，不拿纸笔记录，回来之后，将默记下的书名和版

上下两图均为过云楼旧藏，宋版《锦绣万花谷》

本情况写成了《顾鹤逸所藏旧椠书目》。这部书目记录了过云楼藏书中的五百三十九种，我看到这段记录，一是由此知道，顾家真的不想让人知道他们家藏有很多的善本，这究竟是怎样的心理，我特别想探究，可惜找不到原始的资料；第二，就是真心佩服藏园老人，难怪他能成为一流的大藏书家，就凭他这超强的记忆力，对于鉴定版本来说，这才是真正的先天优势。

傅增湘到过云楼看书的时候，他自己也刚刚开始藏书。1911 年秋天，傅增湘是南北和议的工作人员，跟着唐绍仪来到上海，因为谈判不顺利，所以他在上海待了几个月。因为偶然买到汪启叔所藏的一部宋刻本，于是他对藏书发生了兴趣。这么偶然的事件，却成就了傅增湘这样的一流大藏书家，真是没想到。南北和议结束之后，傅增湘在回京的路上路过苏州，从书商杨馥堂手中买到了一部明刻本的《苏州府志》。几天之后，他见到了过云楼主人顾鹤逸。两人在聊天中，顾鹤逸听到傅增湘收到了这部当地有名的方志，于是希望傅能够转让。其实傅先生那个时候刚开始藏书，对方志之类书的价值认识不高，他听顾鹤逸想得到，反而觉得这部书很有价值，更不愿意放手了。但他跟顾鹤逸说，如果今后自己找到同样的一部，就会转给顾。多年之后，傅增湘果真又买到了一部《苏州府志》，他把新买的这部给了顾鹤逸，但顾却喜欢原来的那一部，因为上面有汲古阁的补抄，同时还有几位大藏书家的递藏章，傅增湘当然还是没舍得把原来的那部给他。我因此联想，当初傅增湘到过云楼看书，而顾鹤逸不让他记录，是不是也跟傅增湘不把这部明初本的《苏州府志》转让给他有关？当然，这只是我小肚鸡肠的猜测。

我的这个猜测，也不是没有一点道理。后来谢国桢到江南访书时，也去过云楼看过书，而那次看书，谢国桢就记录下一些重要的跋语，包括一部黄丕烈跋本——那部书中，有黄丕烈的校字和四次跋语。谢先生将这些跋语全部抄录了下来，后来这部黄跋本到了我的手中，我用原书跋跟谢先生记录在《江浙访书记》中的跋语进行核对，发现两者一字不差。由此推论，顾家一定同意谢国桢抄录这些跋语，否则的话，即使谢国桢有比傅增湘还要强大的记忆力，也不太可能将那几段跋语一字不差地默记下来。所以，我觉得当初顾家不让傅增湘做记录，恐怕有心情上的意气用事。当然，还有一种可能，那就是傅增湘把他默记下的《顾鹤逸所藏旧椠书目》发表了出来，顾家觉得已经无法再遮掩下去，索性也就让这些学者随便看了。

其实傅增湘不是第一位到过过云楼看书的藏书家，

在此之前的几年，日本版本目录学专家岛田翰就到过云楼看过书，并且还借走了一些书。这些书没有归还，不知道后来顾家不让别的藏书家看书，是否也跟这段经历有关？王菡老师写过一篇《傅增湘与顾鹤逸交往事略举隅》，其中有这样一个段落：

> 清末，岛田翰于1905—1906年间，到江南访书，曾经到苏州，拜访俞樾、顾鹤逸，又至皕宋楼观阅藏书，对该处藏书售至日本，起到促成作用。在过云楼，曾借走多部珍籍，有元刻本《古今杂剧》、明本杂剧《十段锦》、残宋本《圣宋文选》等，从此追索不回，加之后来岛田翰因偷足利学校善本而自杀，更是无处寻踪。

如此看来，岛田翰的人品确实有些问题，他当年把陆心源的旧藏全部弄到了日本，其实也曾经打过过云楼的主意，只是不知道什么原因，最终没有成功而已。顾鹤逸晚年，把过云楼所珍藏的字画及古籍分为了四份，然后由四个儿子来抽签，抽到哪个号，就得哪一批。“文化大革命”中，这些藏书全部被抄家拉走。“文化大革命”之后，在某位中央领导的关照下，过云楼的抄家物资是第一个被退还者。此后，过云楼所藏的字画，基本上都归了上海博物馆。而过云楼秘藏多年的藏书，当年也分了四份，其中三份都在二十世纪九十年代归了南京图书馆。剩余的一份，在 2005 年 5 月，拿到了嘉德的拍场中，最终被上海的杨先生以二千三百万元整体拍去。

这批书被杨先生珍藏了七年之后，到了 2012 年春，又全部出现在北京匡时拍卖公司的拍场中。

这批书的再次上拍，就比七年前热闹了很多，因为匡时的宣传工作做得很好，使得世人终于知道过云楼藏有这么多市场价值极大的古书。当年拍出二千三百万元的高价，就已经是一个极轰动的事件，而今人们希望它能够再创新高。果真，这批书不负众望，最终，以二点一六二亿元人民币成交。七年涨了将近十倍的价格，古籍在人们心目中的地位，顿时闪闪发光起来。我看到这个消息，也挺高兴，得鱼同欢喜，何必我持竿。当年这批书拍出二千三百万元时，我觉得它不值这个价格，而今，涨价近十倍，不少记者采访我时，我都说，那批书的价值，绝不止这区区两个多亿。先声明，我说的可不是反话。传统观念中，古籍本来就是高大上的收藏品种，只是因近百年的社会风气，而使这块和氏璧蒙尘，今天终于卖出了个还算像样的价格，有什么值得大惊小怪的？更何况，这两亿多人民币不是一部书，而是一百七十余部古籍的总成交价。我也爱书，我也藏书，而今古书升值了，我为什么不高兴呢？

接下来的事情就变得有趣起来，因为花两个多亿拍得此书者，乃是江苏凤凰集团，这是个出版集团。搞古籍出版而买古书，这是再正常不过的事情。我在上海辞书出版社和北京的中华书局，就看到了大量的善本古籍。本来，凤凰集团于 2012 年 6 月 4 日晚上拍下了这批书，也就接近了故事的完结。然而七天之后，北京大学提出要行使优先购买权，收购过云楼这批藏书。因为北京大学图书馆系国务院批准的首批全国古籍重点保护单位，因此依照北京市文物局出具的“京文物〔2012〕561 号”文件所规定的国有文物收藏单位的优先购买权，可以按照最终的落槌价来收购这批书。其实，那天的拍卖，北大也派人参加了竞拍，只是在价钱上没有争过凤凰，而被凤凰拍得。

这个消息公布几个小时后，江苏省政府就行文北京市文物局，说省政府支持凤凰集团和南京图书馆共同购买过云楼旧藏，因为南京图书馆也属于国有文物收藏单位，那么，北大的优先购买权就变得不能成立。同时，江苏省政府的这份行文中，也表明过云楼的这批书应该回归江苏，原因是过云楼藏书的其他四分之三已在南京图书馆，如果加上这批书，就可以将过云楼旧藏完璧保存。

这个说法听起来，的确是有些道理，不过我还要放个马后炮，那就是，南图虽然藏有过云楼藏书的四分之三，再加上这四分之一，貌似听起来已经是过云楼的全部，但实际情况并非如此，除了我上面购到的那部黄跋本之外，过云楼旧藏还有几十部出现在了嘉德的另一场拍卖会上。在那场拍卖会上，我也得到了其中的若干种，我还知道，另外几位书友也得到了几种。如此说来，至少还有几十部过云楼旧藏散佚在不同藏家手里，这仅仅是我知道的部分，我想我不知道的部分应该更多。这样说起来，江苏省政府行文中的那个理由就变得不能成立。

但是谁又能知道这些细节呢？总之，江苏省政府的行文起到了作用。到了6月20日，国家文物局就给江苏省政府发了回函，这封回函中确认，届时所拍出的过云楼旧藏归南京图书馆和江苏凤凰集团共同拥有。

顾文彬过云楼位于江苏省苏州市干将西路2号，现在被苏州市地下管线管理所占用。十几年前，我第一次访藏书楼，已经来过云楼参观过，而后再次走入这里，心情和上一次大不同。再次来到过云楼的时间是2012年6月7日，也正是过云楼的四分之一藏书

过云楼

西津草堂今日外观

被凤凰集团拍得后的几天。再看过云楼里面的一切，果真感觉变得不同。之前和朋友吃饭时，江澄波老先生跟我聊到过云楼藏书的故事，他说，上拍者仅是四分之一，而另外的四分之三当年以六十万元卖给了南京图书馆，就是他穿针引线促成此事的。江老感慨地说：“现在的古书行情完全搞不懂了，我经营古书六十多年，但我感到这行的生意要从头学了。”

顾文彬当年果真有远见，将自己的堂号取成“过云”这个名字，果真这一切如他所料，正如有人题咏袁克文的藏书“世间无事不昙花”。我时常斤斤计较于某部书的得失，尤其对未曾到手者多少年后还念念不忘，想想过云楼的遭遇，真盼自己能够达观起来。

过云楼是顾文彬所建，到了他孙子顾麟士时，另外又建了西津草堂，这个地方后来又称为西津别墅。那个时代，大家之间都相互联姻，顾鹤逸的夫人潘志玉就跟吴湖帆的夫人同属“志”字辈。几年前，中国美术学院出版社出版的《吴湖帆文稿》，里面多次提到“西津”，而这“西津”就是代指顾鹤逸。

顾鹤逸的西津草堂位于江苏省苏州市沧浪区醋库巷 40 号。西津草堂是顾麟士故居的一部分，旧居的门楣上有一块小铁牌，上面写着“国营经租房屋”，看来已经变成了公产。因为楼外锁着门，里边的情况我难得其详，只是从外观看，旧居基本保存完整，但也能看得出，近些年应当做过翻修，而山墙上镶嵌着的西津别墅砖雕，却是当年的故物。

古越藏书楼：化私为公，启迪民智

徐树兰为什么要建一座开放的藏书楼，或者说，是谁给他出的这个主意，我没有查到具体的资料。光绪二十八年，徐树兰在建古越藏书楼的同时，就给政府写了篇“为捐建绍郡古越藏书楼，恳请奏咨立案文”，此文的第二段讲述了藏书楼，也就是西方的图书馆对于文明开放的重要性：

> 泰西各国讲求教育，辄以藏书楼与学堂相辅而行。都会之地，学校既多，又必建楼藏书，恣人观览。英、法、俄、德诸国收藏书籍之馆，均不下百数处。伦敦博物院之书楼，藏书之富，甲于环球。一切有用之图画报章，亦均分门藏弆。阅书者通年至十余万人。日本明治维新以来，以旧幕府之红叶山文库、昌平学文库初移为浅草文库，后集诸藩学校书，网罗内外物品，皆移之上

野公园，称图书馆，听任众庶观览。其余官私书籍馆亦数十处，藏书皆数十万卷。一时文学蒸蒸日上，国势日强，良有以也。

看到这段文字后，我产生了两个疑问：一是徐树兰没有出过国——我是这么认为的，他何以知道国外图书馆的情形？当然他也可能是从报纸上看来的消息，可是他准备花一大笔银两建一个图书馆，然后对外开放，做这么大一件公益事业，似乎不应该只是在纸媒上看到一些只言片语的介绍就开始操作。二则是关于楼名，因为徐树兰建古越藏书楼，并非是在原有的私家藏书楼基础上转变了观念，由封闭转为开放，这个藏书楼从筹建的那刻起，就是要对外开放，并且从上面的引文中也可知道，徐树兰已经知道日本把公共的藏书楼叫作“图书馆”，既然如此，他为什么还要给自己的这个公共图书馆起名为“古越藏书楼”？因为这个名称怎么读都觉得很古雅，让人不能跟公共图书馆产生联想。当然，我不了解这是不是翻译的问题，也许那个时候就把西方的“Library”翻译成了“藏书楼”，但更大的可能是借用了日本的汉字写法。

对于书楼的建筑，当时徐树兰并无现成的可用，他是花八千六百多两白银在绍兴城西购买了一亩六分地，在这块空地上盖起来的。而书楼的运作方式及其图书来源，以及书楼的建筑方式及其未来的营运费用等等这些细节，徐树兰全部都写在了他的这篇奏咨立案文中：

> 参酌东西各国规制，拟议章程，以家藏经史大部及一切有用之书，悉数捐入，延聘通人，分门排比，所有近来译本新书，以及图画标本、雅驯报章，亦复捐资购备，大凡藏书七万余千卷，编目三十五卷。建屋凡四层，前三层皆系高楼，分藏书籍，以中层之厅事为阅书所，桌椅器物皆备。延监督一人，总董其事，司事三人，分司其书。规模粗具，以备阖郡人士之观摩，以为府县学堂之辅翼。所需开办经费及常年经费，均由职自行捐备。

从初期建设情况看，书楼的规模不小，一开始就有七万多卷藏书，而藏书楼竟然建有四层；然而我实地看了此楼之后，才明白徐树兰所说的“四层”应当是四进，也就是整个书楼有四进院落；而前面的三进院落，他所说的“高楼”，其实也仅二层高。即使如此，一个靠个人出资建立且对外开放的书楼，竟然有

《古越藏书楼书目》封面

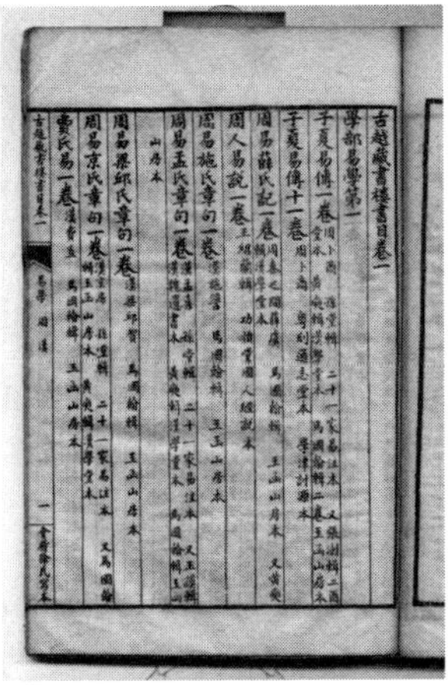

《古越藏书楼书目》卷首

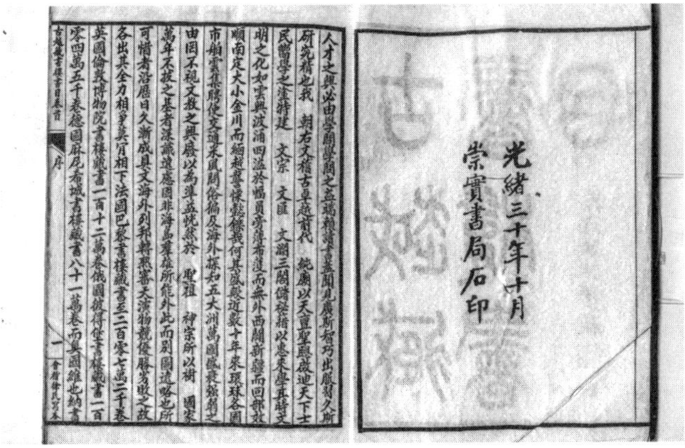

《古越藏书楼书目》牌记

四进院落，已经是不小的规模。他为了建造这个藏书楼，又花了近三万三千两白银，但书楼还未建成，徐树兰就去世了，由他的长子徐元钊继续把此楼建成。徐树兰去世后的第三年，也就是1904年，古越藏书楼正式对外开放。虽然这座书楼跟西方的公共图书馆相比，无论规模和质量都差得很远，但这犹如第一位登月者阿姆斯特朗所说——“这是我一个人的一小步，却是人类迈出的一大步”，那么古越藏书楼也同样可以说：这是中国藏书楼开放的一小步，但却是中国藏书史上迈出的一大步。用今人的评价来说：古越藏书楼的出现，标志着中国私人藏书楼向公共图书馆的过渡，也标志着中国近代图书馆的诞生。

古越藏书楼的确具有现代图书馆的雏形，因为书楼已经有了自己的章程，这份章程的编写方式也极具当代公文书写形式，共分为七章三十节。章程里面谈到了书楼的名称、开办的宗旨、藏书管理的规章制度、阅读者的规程等等，内容很是详细。章程里面还规定了书楼的开放时间——每天上午9点到11点，下午1点到5点。这个时段跟当今的上班族朝九晚五的工作时间真是惊人的一致，这也正是让我觉得惊奇的地方——那个时代资讯并不发达，他从哪里学到这么现代化的规章制度？

其实古越藏书楼的现代化意识不仅如此，比如书楼规定来看书的读者不需要有“铺保”，这个“铺保”应当相当于今天的保证书，或者叫证明信，更确切地讲，就如同你到图书馆要看善本书，需要一定级别的介绍信。而古越藏书楼从创建之初就废除了这种手续，其实不应当说是废除，因为它压根儿就没有起过头。章程还规定看书之人不需要押金。书楼更先进的一种意识是首创了存书制度，这个存书可能就是后来公共图书馆所说的寄存，比如说梁启超、胡适等人的书就曾寄存在公共图书馆里，可惜现在这个制度已经名存实亡了。

书楼建成之后，徐家找到了状元张謇，请他写了篇《古越藏书楼记》，张謇在这篇“记”中首先回顾了浙东地区藏书的历史，讲到了祁氏澹生堂、范氏天一阁等等，以此来说明浙东地区乃是藏书之乡，然后谈到了古越藏书楼的来由：

> 会稽徐氏，世多贤者，藏书亦有名于时，吾友显民察使之太翁仲凡先生，乃举其累世之藏书，楼以庋之，公于一郡，凡其书一若郡人之书也者。其事集议于庚子，告成于癸卯。凡度古今及域外之书，总七万余千卷，图器悉具。

由此可知，徐树兰在建古越藏书楼之前，其家中已经藏有大量的古书，书楼建成之后，徐氏将家藏全部化私为公地捐出。对于徐氏的这种做法，张謇在文中感慨道：

> 嗟乎！世之号藏书者夥矣，要之璅璅，其贤者或仅著为簿录，以飨天下。下此者，则深键扃，得一善本，沾沾自喜，秘不使人知。其始也，以私其子孙，而终不能以再世。今先生独捐世舍故，不以所藏私子孙，而推惠于乡人，謇知其子孙必能嬗守而不失，亘千祀历万劫而无已也。

张謇说，这个世界上号称“藏书家”者很多，但他们在得到善本后只是很高兴地秘藏起来，只会让自己的子孙看，而徐树兰的藏书却不是为了子孙，而是为了家乡的人民。这种大公无私的举措让张謇很感慨，并且认为这种方式反而能将藏书流传万代。

但是，任何事物都不能脱离时代。1912 年，辛亥革命爆发后，古越藏书楼就经历了第一次停办；四年之后，徐树兰的儿子又将此楼改名为“绍兴藏书楼”，他曾给教育部呈文，要求续办；到了 1926 年，徐树兰的孙子徐世南又接办此楼，四年之后，再度停办；1932年，绍兴县教育局将此楼收归公办，同时改名为“绍兴县立图书馆”；再后来，这座书楼就归了今天的绍兴图书馆。此楼还一度改名为“鲁迅图书馆”，看来，在绍兴，没有谁比鲁迅名气更大。但无论怎样改，我都觉得古越藏书楼在中国藏书史上的地位不会改变。

十几年前，我就参观过这座书楼，而今再到绍兴时，我仍然要来再次瞻仰它。这些年过去了，其实我还是惦念着古越藏书楼今天变成了什么模样，于是乘上出租车，让司机把我送到胜利西路503号。司机听到我报出这个地点，马上说：“你要去古越藏书楼吧？这个地点我可是经常去。”他的这句话瞬间拉近了我们之间的距离，其实这是我的一大毛病，凡是喜欢跟书有关的事物的人，我都会本能地将其引为同道。绍兴市的面积确实不大，转了两道弯儿，我就远远地看到了古越藏书楼的靓影。

建筑仍是当年建筑。门楣上有“古越藏书楼”，大门左边是“绍兴图书馆分馆”的牌子，跟我当年看到的，几乎没有变化，唯一觉得不同的地方，是二楼木窗上的玻璃擦得极亮。进入大门后，左边的门口挂着“阅览室”，右边门口挂着“外借室”。一位大妈迎面走来，见我拍照说：“下午才开的，你下午再来吧。”原来此藏书楼至今仍在使用中，这一点也跟我十几年前所看到的不同，那个时候，这座楼只是封闭在这里，像一件化石标本，而今它又有了读者，我真想看看什么人还会到这里来阅览图书。

除了古越藏书楼，徐树兰对文献史还有另外一大贡献，那就是他写过一本《种烟叶法》。这部书是不是中国第一部介绍烟叶种植办法的专著，我不敢下定语，但至少是较早的一部系统著作。此书从名字上看，似乎是实用的种植手册，但他有些说法很有趣：

> 欲制纸烟、雪茄，必先求种烟叶之法。古巴烟叶为天下第一，各处之仿制古巴烟者，已占十分之九，即小吕宋烟叶，每年出口实亦甚多。中国能种烟叶之处岂止新昌一隅？果能参用西法培植，以备仿制纸烟、雪茄烟之用，将来外销之广，能不驾小吕宋而上之？吾不信也。

徐树兰说古巴烟叶天下第一，因为名气大，所以到处都是仿冒品，他认为既然如此，那么我们也可以仿冒来制作雪茄。这种民族情绪以及大张旗鼓地宣传仿冒，不知道质检局或者专利局的官员们听到后会不会睁一只眼闭一只眼。徐树兰对烟叶的质量很内行，

古越藏书楼大门

他接着说道：

烟叶之用甚广，种之之处亦甚多，而浙江新昌县所种颇著名，与广丰相等埒。广丰叶不善灼，和以新昌叶，则易灼而气愈香，故烟商争购之……如拣选佳叶，参酌纸烟、吕宋烟之法，制为洋烟，其销用当不减葡萄酒、咖啡、茶之属，亦中国一利也。

徐树兰用类比法讲解了种烟叶对中国的好处，尤其他在文中比较了哪种烟叶味道纯正，由此看来，他也是个老烟枪。而今全世界都在提倡戒烟，看来大家都意识到了香烟对身体的危害，然而读书却使人明智。这么一说，问题就来了，第一个提倡开放藏书楼的开明人士，又同样是第一个大力提倡种植烟叶的人，前者启迪民智，后者伤害身体，这意识和物质的关系问题，不知道徐树兰先生如何解决这之间的矛盾与统一？如此想来，徐树兰应当不是那种不食人间烟火的呆头书生，他懂得经济基础决定上层建筑，挣钱才是硬道理。我们不能苛求古人，让他在一百年前就明白吸烟的害处，而应该赞叹，为什么他在一百多年前就懂得藏书楼开放的好处呢？

书事

《两汉书》传奇

在古代流传的宋版书中，《两汉书》的故事颇为传奇：先是以楼换书，后则以书换楼；先是书楼被烧，而此书幸存，后是幸存之书与楼同焚。这个故事的起点就是王世贞。

王世贞的大名主要在诗学，他和李攀龙同是明代“后七子”的领袖。“后七子”是七位明代中晚期的诗人，他们坚持“前七子”的文学理念，就是“文必秦汉，诗必盛唐”。李攀龙去世后，王世贞执诗坛牛耳达二十年之久，他生前名气极大，死后毁诤之声也同样不相上下。后世对他的评价几乎分成了两大派别，我引用几段，以此来说明他的影响。《明史》中说：

> 世贞始与李攀龙狎主文盟，攀龙殁，独操柄二十年。才最高，地望最显，声华意气笼盖海内。一时士大夫及山人、词客、衲子、羽流，莫

不奔走门下。片言褒赏，声价骤起。

他同时代的胡应麟对王世贞的评价更高：

> 千古之诗，莫盛于有明李（梦阳）、何（景明）、李（攀龙）、王（世贞）四家，四家之中，捞笼千古，总萃百家，则又莫盛于弇州。诗家之有弇州，证果位之如来也，集大成之尼父也。

清初诗人朱彝尊在《静志居诗话》中认为，王世贞跟李攀龙不能并称，虽然李攀龙是“后七子”的领袖，但王世贞的才气要比李高十倍。朱彝尊说话并非一面倒的赞誉，他认为王世贞虽然才气大，但太过博览，而作诗的范围也同样广博，朱认为这正是王的不足之处：

> 嘉靖七子，王世贞才气十倍李攀龙；惟病在爱博，自珊瑚木难以及牛溲马勃，无所不有。乐府变化，奇奇正正，推陈出新，远非攀龙生吞活剥者可比。律体高华，绝亦典丽，虽锻炼未纯，不免华赡之余，时露浅率；亦未遽出攀龙下也。当日名虽七子，实则一雄；其自述曰：“野夫兴就

不复删，大海回风吹紫澜。”言虽大而非夸。

纪晓岚对王世贞的评价较为公允，他称赞王世贞的广博，“前后七子”都比不了，但就因为他广博，所以就容易有失误之处。王世贞在世时，因为他的地位，没人敢说什么，但其去世之后，则天下尽是攻击之人。但纪晓岚对王世贞的评价也算客观，他说，王世贞的书出来之后，人人都剽窃他的著作，剽窃应该是对原作者的最高礼敬：

> 考自古文集之富，未有过于世贞者。其摹秦仿汉，与七子门径相同。而博综典籍，谙习掌故，则后七子不及，前七子亦不及，无论广续诸子也。惟其早年，自命太高，求名太急，虚憍恃气，持论遂至一偏。又负其渊博，或不暇检点，贻议者口实。故其盛也，推尊之者遍天下；及其衰也，攻击之者亦遍天下。平心而论，自李梦阳之说出，而学者剽窃班、马、李、杜；自世贞之集出，学者遂剽窃世贞。

我从许多资料上都看到，说王世贞藏宋版书的数量就超过三万卷，这个说法令我有些起疑，没有查到这句话的原始出处，但有一点是明确的，王世贞在弇山园中建了五座楼，其中一座名叫“小酉馆”，胡应麟对此有记载，其称：“小酉馆藏书凡三万卷，二典不与。”这一个楼就藏了三万卷，余外另有藏经阁，这个楼专藏经部之书；“尔雅楼”专门藏宋元刻本；“九友斋”里面收藏的是他的镇库之宝，就是上面提到的宋版《两汉书》。还有一点可以说明，王世贞藏书质量不低，因为他曾跟天一阁主人范钦、当时天下第一大收藏家项子京等人签有互相抄书之约，项子京收藏书画，名气极大，但王世贞也藏有让项羡慕的名画，比如说《清明上河图》，原来就藏在弇山园内。

王世贞最有名的收藏当然还是那部宋版《两汉书》，这个故事在书界艳传了三百年，至今仍是人们津津乐道的传奇。

话说当年王世贞极盛之时，藏书也很上心，因为有钱，所以天下的好书首先供他挑选。某天，有位书商拿来了几本宋刻的《两汉书》，这部书初刻初印，装潢得也十分漂亮，尤为难得的是，原本是元代收藏大家赵孟頫的旧藏——书前的扉页上绘有赵孟頫的小像，可知这部《两汉书》当年也是松雪先生的珍爱之物。这么一部铭心之品，王世贞见到当然不愿放过。书商见此，奇货可居，于是报出了一个极高的价钱。王世贞一时凑不出那么多的银两，又担心时间一长，书被他人夺去，于是提出用自己的一座庄园来换这部书。不用说，那书商肯定喜出望外，成交了这笔生意。这件事在藏界轰动一时，很多人暗里讥笑王世贞太过傻痴，王听到后不以为然，他认为自己藏了那么多宋元本，没有一部能超过《两汉书》。

电视剧《三国演义》主题曲中有一句歌词“是非成败转头空”，用在这里也算贴切。王世贞以庄园换书的豪举没过多久就没钱了，不知道什么原因，他把这部书给了他儿子。他儿子王士骐后来在此书的跋语中写道：

> 此先尚书九友斋中第一宝也。近为国税，新旧并急不免，归之质库中，书此志愧。

原来，他儿子把这个镇库之宝典当出去了。

后来不知什么原因，此书归了他人，被大藏书家钱谦益得知，他花了一笔大价钱把书买了下来。至于到底花了多少钱，历史上有两个版本，一种说法记录于《牧斋遗事》，上面说，他得到这书是先花了三百金，后来又花了二十金。这个故事讲起来很有传奇色彩，我把原文抄录如下：

初，牧翁得此书，仅出价三百余金。以《后汉书》缺二本，售之者故减价也。牧翁宝之如拱璧，遍属书贾，欲补其缺。一书贾停舟于乌镇，买面为晚餐。见铺主人于败簏中取书二本作包裹具，谛视则宋板《后汉书》也。贾心惊，窃喜，因出数枚钱买之，而首页已缺。贾向主人求之，主人曰："顷为对邻裹面去，索之可也。"乃并首页获全，星夜来常。钱喜欲狂，款以盛筵，予之廿金。是书遂成完璧。其纸质墨色，炯然夺目，真藏书家不世宝也。

而钱谦益不这么说，他说花一千二百金买得了这部书，后来又以一千金卖给了谢象三。这段事迹记录于《有学集》卷四十六《书旧藏宋雕两汉书》一文中：

赵吴兴家藏宋椠《两汉书》，王弇州先生鬻一庄得之陆水邨太宰家，后归于新安富人。余以千二百金从黄尚宝购之。崇祯癸未，损二百金，售诸四明谢氏。

钱谦益花一千二百金买此书，在出手的时候不但没赚钱，还赔了二百金，是什么原因让他痛下这种决心呢？这又是一个不爱江山爱美人的故事。因为此时天下名妓柳如是跟了他，而他急于给柳如是建一座楼，但家中没钱，只好把这部最珍贵的藏品降价卖给了自己的情敌谢象三。卖书的钱很快建起了楼房，钱氏将自己的藏书也藏在了这个新建起的楼内。后来，新建的绛云楼失火，将钱谦益所藏之书基本烧光。钱谦益唯一觉得庆幸的就是《两汉书》已经提前卖出了。也有人说，其实钱谦益卖书跟建楼没有必然关系，但专门研究柳如是的陈寅恪先生却认为肯定有关联：

> 牧斋售书之日，与绛云楼上梁之时，相距甚近，两事必有相互关系无疑。

陈寅恪认为，钱谦益平生最喜欢的，一是《两汉书》，二是柳如是，并且两者互相关联，虽然丢了书，但是得到柳如是二十五年之久，陈寅恪认为牧斋也已无憾了：

> 牧斋平生有二尤物。一为宋椠两汉书，一为河东君。其间互有关联，已如上述。赵文敏家汉书，虽能经二十年之久“每日焚香礼拜”，然以筑阿云金屋绛云楼之故，不得不割爱，鬻于情敌之

> 谢三宾。未能以之殉葬，自是恨事。至若河东君，则夺之谢三宾之手，“每日焚香礼拜”达二十五年之久。身没之后，终能使之感激杀身相殉。然则李维柱之言，因为汉书而发，但实亦不异为河东君而发者。呜呼！牧斋于此，可以无遗憾矣。

但这个故事到此还没有结束，最后几经周折，《两汉书》归了乾隆皇帝。弘历很喜欢这部书，他也学赵孟頫，在此书前的扉页上画上了自己的小像，并且还在书后写了两段跋语：

> 内府藏旧刻书甚夥，而前后《汉书》雕镌纸墨并极精妙，实为宋本之冠。览前人跋语，知旧为吴兴赵孟頫家物，展转流传，一归之王世贞，再归之钱谦益。王钱辈皆精于赏鉴，而爱惜珍贵至比之宝玉大弓，良非虚语。每一翻阅，楮墨犹香，古今至宝，真有神物护持耶？乾隆甲子仲秋之月御题。

乾隆皇帝认为，这是他所藏宋版书最好的一部。可惜他得到这部书几十年后，乾清宫失火，殃及昭仁殿，这部神话一般的《两汉书》跟其他天禄琳琅旧藏一起化为了灰烬。

《永乐大典》的价值

朱筠是位藏书家，当年有许多大藏家散出之书都归了他的椒花吟舫，其中名气最大的是曹寅旧藏。曹寅的“楝亭”藏书在康熙年间就已是重要的收藏。椒花吟舫藏书最多的时候大概有三万多卷，这个数量在康乾盛世算不上如何的宏大，然而朱筠的名声却远超于一般的藏书家，其中更重要的原因是他在文献学上的贡献，因为就是他建议乾隆皇帝从《永乐大典》中辑佚古书。

辑佚古书为什么要称为巨大贡献呢？那要先聊聊《永乐大典》的价值。1403年，朱元璋的第四个儿子朱棣借“靖难”之名，打下了南京，建文皇帝从此失踪了。朱棣在南京当上了皇帝，定年号为“永乐”。他登基之后，可能是为了表示他并非一个武夫，也喜好文治，于是想编一部旷古未有的大书。皇帝的命令当然就是一切，于是，解缙、姚广孝组织了二千一百多人开始编写此书，用了六年时间把书抄完，由朱棣定名为《永乐大典》。这部书总计一万一千多册，当初只抄出了一部，收录了编书之前中国历代留下来的各类文献，所以最初的名称就叫《文献集成》。

到了永乐十九年，北京的紫禁城建设完毕，朱棣从南京迁都北京，《永乐大典》也一并运到北京，藏在紫禁城内的文楼，文楼又叫文昭阁。这部世界上最大的书在文楼藏了一百多年，到了嘉靖三十六年，宫中发生火灾，大火就在文楼旁边燃起，好在灭火及时，没有把《永乐大典》烧毁。但这让嘉靖皇帝很是担心，于是命令大臣组织人重新抄录一部，此书一抄就是十几年，直到他去世才得以完成。

但是，《永乐大典》的那部正本自此之后就不见了下落，后世所见都是嘉靖年间抄录的那一部，这个抄录本被称为“复本”，并且这个复本不是原本的一万一千多册，而是八千册。于是后人对此有很多的猜想，认为当时这部书就只抄了这八千册。关于正本的消失，历史上传说因为嘉靖皇帝太喜欢这部大书了，所以死前留下遗言，要让这部书陪葬，因此抄录了一部复本存世，可是到他驾崩之时，只抄完了八千册，而正本却陪葬进了嘉靖皇帝的陵墓之内，剩下的未抄部分自然也就无底本可抄了。究竟是不是这样，到现在也没人知道。好在有那八千册复本存世，虽然不全，但毕竟保留了许多中国历史上已经失传的重要典籍。

乾隆年间，弘历可能也想学朱棣，要编一部更大的书，那就是后来的《四库全书》。编这么大的书，当然需要比这数量更多的底本，乾隆就让大臣们出主意、想办法，从哪里搞到这么多底本。当时朱筠正任安徽学政，看到了皇帝要求征集底本的诏书，于是就给皇帝写了份奏章。朱筠说，在民间征集底本当然要进行，但他建议，同时要从翰林院所藏的《永乐大典》中辑佚出那些失传的古书。他说《永乐大典》中有许多古书已经失传了，言外之意是说，从民间不可能征集到这些失传的底本：

> （《永乐大典》）编次少伦，或分割诸书以从其类，然古书之全，而世不恒觏者，辄俱在焉。臣请敕择取其中古书完者若干部，分别缮写，各自为书，以备著录。

乾隆皇帝看到朱筠的奏章就让大臣们讨论，当时的军机处是宫中的最要害部门，而军机处的头领是刘统勋，就是刘墉的父亲。刘统勋对朱筠很是欣赏，他认为朱筠是朝中难得的“疏俊奇士”，按理说，他看到了朱筠这份奏章上的建议定会赞同，以刘统勋的学问，他当然知道《永乐大典》的价值。但是军机处工作很是繁重，刘统勋担心皇帝批准这个奏章后，肯定会命令他去安排人来办这件烦事，于是他对此建议表示反对。眼看这份建议就要被否决了，这时有一个人站出来表示支持朱筠的建议——首席军机大臣于敏中当堂就跟刘统勋争辩起来，皇帝听完两人的辩论，感觉于敏中说的有道理，于是就批准了朱筠的奏章，决定从《永乐大典》中辑出古书，同时开修《四库全书》。

历史上还有一个说法：建议广搜天下遗书，并依照刘向的《七略》来编国家的艺文志者也是朱筠，但这个建议是章学诚向他提出的。其中的细节就不在此唠叨了。总之，朱筠的建议受到了皇帝的重视，自此之后，多位学者奉皇帝之命从《永乐大典》中辑佚出几百部在乾隆时代就已失传的古书。因为他的一个建议，使得流传至今的传统典籍又增加了几百部极有价值者，这个贡献远远超过了一些藏书家对于历史典籍的保护。

还是用史实来说明当年朱筠的这个建议是何等的高瞻远瞩吧。乾隆三十八年修《四库全书》时，《永乐大典》八千册的复本就已经有不少的缺失，到光绪元年清点时，所余不到五千册。到光绪二十年时，翁同龢到翰林院去清点《永乐大典》，就仅剩下八百册了。

而到现在，把保存在全世界各地的《永乐大典》加起来也不过就四百多册。如果当年朱筠没有提这个建议，直到现在才想起来从《永乐大典》中辑佚古书，那肯定有许多历史上的珍贵典籍今天的人们就再也不会看到了。

《永乐大典》到今天已经成了书界的神话，前些年有个圈外的朋友听说我喜欢藏书，第一句话就问："你有《永乐大典》吗？"仅这一句就让我的得意之色瞬间消散。可见，在人们心目中，如果有一册《永乐大典》，就算你没有其他藏书，也可以成为大藏书家了。其实得到《永乐大典》也不是绝对的不可能，前几年，我就跟一册《永乐大典》擦身而过了。我就不在这里表达自己是何等的懊悔了。但好在我还没有听说过现在的藏书家有谁能拥有一册《永乐大典》的，这也让我得了些许的安慰，"不患寡而患不均"，这句至理名言看来到什么时候都不过时。

不久前见到美国亨廷顿图书馆的邓肯先生，他告诉我，他们馆就藏有一册《永乐大典》，七十年前就在，因为馆里所藏基本上都是西文善本，所以没有人注意到还有这么一册有价值的中文书。我跟他讲，何止是有价值，那可以称得上是一个重大发现。他的这个消息让我的绝望心情又迎来了曙光：没准在世界上的哪个角落还存在一册或者数册不为人所识的《永乐大典》，因为某种因缘巧合会让我得到呢？别告诉我这没有可能，因为这只是我的一个小梦想，不，大梦想。那不妨在这里把我的大梦想也一并说出来：希望哪天上帝暗示我正本的《永乐大典》藏在哪里，最终让我成为这个千古之谜的发现人！

古书流通观念是怎么来的

我不知道曹溶是不是第一个提出古书观念的人，但他是第一个写出古书流通条目范本的人，这个范本就是《流通古书约》。曹溶提出这个想法，是因为他在查书目的时候，发现很多古代流传下来的目录中记载的书，已经有一半以上都不存在了。曹溶说这句话的时候是在清初，可见，在那个时候很多古书就仅有存目了，他认为这种状况至少有一部分是藏书家造成的，因为这些藏书家珍爱某部书而不想让别人知道，用他的原话来说，那就是：

> 自宋以来，书目十有余种，粲然可观。按实求之，其书十不存四五，非尽久远散佚也，不善藏者，护惜所有，以独得为可矜，以公诸世为失策也。故入常人手犹有传观之望，一归藏书家，无不绨锦为衣，旃檀作室，扃钥以为常。有问

> 焉，则答无有。举世曾不得寓目，虽使人致疑于散佚，不足怪矣。

曹溶说的这种情况，应该就是古人所说“多藏必厚亡”的其中一种解释。他认为，这个方式对古人的著作并不是一种尊重，正因为这种做法，反而使得古书更容易消亡，怎么来解决藏与用的矛盾呢？曹溶想出了一个妙招，他把这个妙招写入了《流通古书约》中：

> 予今酌一简便法，彼此藏书家，各就观目录，标出所缺者，约定有无相易，则主人自命门下之役，精工缮写，校对无误，一两月间，各赍所钞互换。此法有数善，好书不出户庭也，有功于古人也，己所藏日以富也，楚南燕北皆可行也。

曹溶的这种先进藏书观念对后人影响较大，乾隆皇帝搞《四库全书》，同意南三阁可以让学子阅读和抄录，就是受了曹溶这种观念的影响。后来，周永年和桂馥建立“藉书园”，也同样是效仿曹溶这种古书流通思想，因为“藉”字就是古时的“借”字。对于藉书园的意义，他俩是这样解释的：

藉书园者，书昌之志也，书昌故温饱橐馁，于书积卷殆近十万，不欲自私，故以藉书名园。藉者，借也。

由此可见，曹溶的这部《流通古书约》对后世影响之大。曹溶本是明末的进士，曾经做到了御史，清军入关之后，他被起用原职，后来又做了一系列的官，康熙初年回到嘉兴，在岳珂的旧园遗址之上建起了倦圃。此处本是岳珂写书的地方，因为废弃多年，曹溶将其拿下后，变成了藏书和聚会之所。钱泳的《履园丛话》中说，倦圃内有范湖草堂、静春轩等二十处名胜，可见当年规模之大。曹溶给自己的别业起这么一个名称，可能是为官倦怠之意吧，但朱彝尊认为，“倦圃”一名源于岳珂的倦翁：

治之以为别业，聚文史其中，暇则与宾客浮觞乐饮。以“倦圃”名者，盖取倦翁之字以自寄也。

历史记载，倦圃的藏书量很大，据说有宋元古本近千种之多，能够藏有这么多的宋元版，即使在清初也并非易事。曹溶有《静惕堂书目》传世，主要记载的是宋元人的文集。曹溶用这些书做底本，编出了一部大丛书，名叫《学海类编》，里边收录了四百二十多种古书，这些古书大多都流传稀见。明代人编丛书有一个大的毛病，就是编者会删除掉他认为原书中价值不高的内容，这使得后人难以知道原书的面貌。曹溶在编《学海类编》的时候，尽量避免这种毛病，所以，他选的底本都尽量是完整的书。然而，此书编完之后，一直以稿本流传，直到道光年间才有六安晁氏以木活字印了出来，我得到的也是这个木活字本，可惜这部书太大，我得到的这部缺少一些零种，直到今天也没有配齐，但总算跟曹溶有了那么一点点因缘。

曹溶去世之后，他的旧藏先归了高士奇，据说是家人抵押给的高士奇，总计有宋元版本五百册。不久朱彝尊得到这个消息，他出了高于抵押值两倍的价格把这批书拿下。朱彝尊跟曹溶关系较好，在朱彝尊年少之时，曾拜曹为师，在词学方面，朱也受曹的影响较深，后来朱编《词综》，有很多底本都是从倦圃所藏选录。倦圃所藏的珍本还有一些归了纳兰性德，李富孙说：

> 曹秋岳家有宋元版书几近千种，其甲部尽为容若侍卫取去，《经解》之刻，半资于此也。

按照李富孙的说法，曹溶所藏的宋元珍本中经部大多都到了纳兰性德手中，并且成为著名的《通志堂经解》底本，而且占了一半以上的比例，那么，纳兰性德是如何得到倦圃的这些珍藏的呢？这个过程好像并不光彩，因为曹溶的儿子曹彦桓是这样说的："有宋版书一大橱，俱为成德取去，盖不敢不应也。"这句"不敢不应"让人听起来很无奈，纳兰性德如此美好的形象不知会不会因为这一句话而受损，希望性德迷们不要骂我，因为这句话我能找到出处。

我觉得，今天的人如果提到曹溶，应该多讲讲他的古书流通思想，一个人如果有个观点能对后世有影响，这样的人就不应当被忘记。想到这一层，又让我感慨，嘉兴当地不以曹溶为然，也许是嘉兴古代名人太多之故吧，但无论如何，他在中国藏书史上也算一号重要人物。

给藏书家排座次

藏书家有数等：得一书必推求本原，是正缺失，是谓考订家，如钱少詹大昕、戴吉士震诸人是也。次则辨其板片，注其错讹，是谓校雠家，如卢学士文弨、翁阁学方纲诸人是也。次则搜采异本，上则补石室金匮之遗亡，下可备通人博士之浏览，是谓收藏家，如鄞县范氏之天一阁、钱塘吴氏之瓶花斋、昆山徐氏之传是楼诸家是也。次则第求精本，独嗜宋刻，作者之旨意从未尽窥，而刻书之年月最所深悉，是谓赏鉴家，如吴门黄主事丕烈、邬镇鲍处士廷博诸人是也。又次则于旧家中落者，贱售其所藏，富室嗜书者，要求其善价，眼别真赝，心知古今，闽本蜀本，一不得欺，宋椠元椠，见而即识，是谓掠贩家，如吴门之钱景开、陶五柳，湖州之施汉英诸书估是也。

这段引文虽然有点儿长，但对爱书之人来说，几乎都能烂熟于心，应当说，这是中国历史上第一次给藏书家排座次，虽然在这段引文之前，也有人谈到藏书以及藏书的水准等等，但是明确地把藏书家进行归类，还未曾有过。从内容上看，这段话把藏书家分为了五个等级，虽然作者没有说明这五个等级孰优孰劣，但是业界将此视为等而下之的排列方式，也就是说，排在最前面的考订家，作者认为是最高级的藏书家，而排在最后面的掠贩家，则是藏书家体系中的最末一等。自这段话诞生之后，且不管这种排序方式对还是错，直到今天，还会有不少藏书家或者文献研究家，本着这段话来展开评说。即此可见，它对业界影响有多大。这段话的作者就是清中期的洪亮吉。

洪亮吉为什么要给藏书家排列出个等级来？他没有仔细说明，甚至我怀疑他这段话也是随口一说。因为它不出自相关的专业著作，甚至不是一篇专门评说藏书家的文章，仅是洪亮吉所撰的《北江诗话》中的一段议论。诗话这个题材，凡是搞文史研究者，都很熟悉，其所谈主要就是跟诗人有关的掌故逸闻，以及诗作背后的事情本末。《北江诗话》当然也是如此，里面所谈，都是作者洪亮吉摘引或者评论历代诗人的诗作以及故事等。这种写作方式有点类似于今日的微博，因为每一则诗话长短不一，短的仅二三十字，最长的也就三百字左右，但是在这些诗话之中，却夹杂了这么一段对藏书家的评价，这是很奇特的一件事。并且在这段话的前面和后面，甚至是《北江诗话》整部著作之中，都再没有扯上跟藏书家有关的话题。

洪亮吉的这个随口一说，却引起了藏书家们的高度重视，虽然他没有明确地说出藏书家就是五个等级，但是他的这段话却被后世的藏书家总结为“藏书家五等”。从这五个等级看，排在最前面的，是考订家和校雠家，如此可知，洪亮吉更看重以藏书做基础且能写出重要著作的学者。排在第三等的则是收藏家，应该说收藏家才是藏书的正途，或者说是主体，洪亮吉仅把他们列在了第三等。但是，他把大藏书家黄丕烈和鲍廷博列在了赏鉴家的位置，这个排列顺序多少让后世爱书人有些不平。不过，洪亮吉把书店经营者列为掠贩家，这应该说是一大进步，也就是说，经营之人也算是藏书家中的一个组成部分。总之，从这五等的排列方式可以看出，洪亮吉更看重的是著作而非收藏本身，应该说，他是用学者或者作家的眼光来看待收藏本身，这种看法直到今天，也应该说是社会对藏书家的主体印象。

洪亮吉的这个分法，当然不是很令藏书家满意，比如晚清民国的大藏书家叶德辉在《书林清话》里，针对洪亮吉的这个分法进行了辩驳。叶德辉的观点，代表了大多数藏书家的看法：

> 洪亮吉《北江诗话》云：……吾谓考订校雠，是一是二，而可统名之著述家。若专以刻书为事，则当云校雠家。如顺康朝钱谦益绛云楼、王文简士祯池北书库、朱彝尊曝书亭，皆著述家也。毛晋汲古阁，校勘家亦藏书家也。钱曾述古堂、也是园，季沧苇振宜，赏鉴家也。毛氏刻书风行天下，而校勘不精，故不能于校雠分居一席。犹之何焯义门读书记，平生校书最多，亦止可云赏鉴，而于考订校雠皆无取也。与洪同时者，尚有毕制军沅经训堂，孙观察星衍平津馆、岱南阁、五松园，马徵君子曰璐丛书楼、玲珑山馆，考订、校雠、收藏赏鉴皆兼之。若卢转运见曾雅雨堂、秦太史恩复石研斋，以及张太史敦仁、顾茂才广圻，则纯乎校勘家也。若康熙朝纳兰侍卫成德之通志堂，乾隆朝吴太史省兰之艺海珠尘，刻书虽多，精华甚少，然古书赖于传刻，固亦有功艺林。但求如黄丕烈“士礼居丛书”，鲍廷博“知不足斋丛书”，既精赏鉴，又善校勘，则亦绝无仅有者矣。

不过，虽然叶德辉并不完全同意洪亮吉的分法，但还是本着这个体系，做了一定的补充和新的分类，即此可见，洪亮吉的这藏书家五等观，对业界影响有多大。而他本人也喜欢藏书，并且还有一定的藏书量，我倒是很好奇，他把自己归到了这五等中的哪一等？可惜，他没有进一步说明。

洪亮吉的祖上本是官宦之家，比如他的八世从祖洪远，就是南京的工部尚书，而曾祖洪璟，也是位重要人物，当年洪璟跟赵熊诏结为了儿女亲家，因为赵在朝廷中势力较大，故其女婿洪寀在朝中被提升得很快，而洪寀就是洪亮吉的祖父。但是，赵熊诏的父亲赵申乔，曾经兴起过戴名世《南山集》案，致使戴名世族人大多被杀，这件事使赵家结下了很多的仇怨，为此也影响到了洪家，后来赵家被查处时，把洪家也牵连了进去，这让洪家迅速衰败了下来。到了乾隆十六年，洪亮吉的父亲也死在了他乡，那时，洪亮吉只有五岁，母亲带着五个孩子只好回到了娘家。

洪亮吉的母亲是知县的女儿，有一定的文化，她每天督促儿子用心苦读，常彻夜达旦。有一天洪亮吉读到《仪礼》中“夫者，妻之天”这一句时，母亲忽然痛哭良久，说：“吾何戴矣！”洪亮吉从此以后，为怕母亲伤心，每遇此句则跳过不读。因自幼见母亲辛苦，故其一生事母至孝。

洪亮吉天性嗜书，因此特别得外祖母钟爱，其程度迥异于其他诸孙，洪亮吉十岁时，有天陪外祖母曝书，外祖母随手抽出数卷教其读书，并感叹：“吾家代衰矣，能读是者，其惟甥乎？”童年经历，给洪亮吉留下了极深的印象，成年后多次请人绘下忆母图、读书图，并请诸多好友题跋。

未曾出仕前，洪亮吉曾入朱筠幕府，为其校书，《洪北江先生年谱》载乾隆三十六年（1771），“先生以馆谷不足养亲，买舟至安徽太平府，谒朱学使筠”。进入朱筠幕后，洪亮吉结识了邵晋涵、王念孙、章学诚等人，乾隆三十八年（1773）四库馆开，江浙搜采遗书，安徽省设局太平，洪亮吉又应太守沈业富之聘，总司搜采遗书之事。乾隆四十六年（1781），孙星衍来信邀请洪亮吉入陕西巡抚毕沅幕，并在信中力陈毕沅钦慕之情，洪亮吉于是前往陕西，在毕沅幕中校勘古籍，参与编纂地方志数种，并写出了《公羊古义》《汉魏音》等。在贵州任学政时，因贵州地处偏远，书籍无多，洪亮吉于是购买了大量经、史书籍，又广设书院，将书籍放置在各府书院中，以便士子读取，同时刻了不少时文诗集。

洪亮吉考取举人之后，乾隆四十九年参加会试。

那个时候，洪亮吉在社会上已经有了一定的名气，这一科的主考官是蔡新和纪晓岚，他们两人都希望洪亮吉被录取，但是洪亮吉的房考官不知什么原因，阅卷的速度最慢，这使得监察御史郑澂“以得卷迟，疑之欲移置四十名外”。这样的结果当然让纪晓岚不满意，于是两人争执了起来，争执的结果比预想的还要坏，最终，洪亮吉没有被录取。

五年之后，开考恩科，洪亮吉也去参加考试，本场的主考官是朱珪，他也听到过洪的名气，也跟纪晓岚一样，希望洪亮吉能够被录取，并且考得第一名。关于这件事，《洪北江先生年谱》中有记载：

> 欲暗中摸索得先生作第一人。及得李君赓芸卷，有驳策问数条，以为先生，拟第一。复得朱君文翰卷，用古文奇字，又以为先生，遂置李君卷第六，而以朱君冠多士。及拆号，而先生名在第二十六。及相与叹息，以为名次亦有定数云。

其实科举考试远不如戏剧里说的那么随意，在古代有着一套极其严格的制度。因为是匿名阅卷，阅卷官也只能从文意上来猜测某个试卷是哪位考生所书，朱珪猜测了一番，最后，他所关注的试卷在拆封之后，发现不是洪亮吉所答，这让爱才如命的朱珪也只能望卷兴叹，但是，洪亮吉有其先悲后喜的福分，到殿试的时候，乾隆皇帝把他钦点为榜眼。

不过，洪亮吉的耿介性格，并不因为皇帝的慧眼识珠而对其增加多少感激之情。

到了嘉庆初年，皇帝想整顿朝纲，让大臣们提出改革的建议。那时洪亮吉正在任翰林院编修，按照规定，翰林没有给朝廷提意见的职责，但是，他还是写了一封措辞严厉的奏章，通过成亲王转给了嘉庆皇帝。洪亮吉的这份奏章里的用语很是尖刻，其中有这样的词句：

> 人才至今日消磨殆尽矣。数十年来，以模棱为晓事，以软弱为良，以钻营为进取之阶，以苟且为服官之计，由所遭者，无不各得其所欲而去，以定衣钵相承牢结而不可解……士大夫渐不顾廉耻……

他的这些话直把矛头指向了嘉庆帝，这等于说，皇帝所领导者，都是一群庸才。这个指责当然让皇帝大为震怒，于是把他交给刑部，让军机大臣们审判，结果以大不敬罪，把他判处为斩立决。据说洪亮吉听到这个结果后，面无惧色，并且还写了首诗，诗中有这样一句："丈夫自信头颅好，须为朝廷吃一刀。"后来，在众人的求情下，皇帝还是放了他一马，判了他个流放罪，把他押送到新疆的伊犁，并且下旨告诉洪亮吉，"不许作诗，不许饮酒"，可能这是对一位诗人而言最痛苦的惩罚方式吧。

其实，洪亮吉不只对皇帝这样，甚至他对自己的座师也照样顶撞，昭梿的《啸亭杂录》有这样一段记载：

> 戊午年（嘉庆三年，1798），大考翰林。公（洪亮吉）上《平邪教疏》，深中当时窾要，人争诵之。朱文正公招之入都，欲荐于朝。先生乃于朱座首斥其崇信释道，为邪教首领之语。朱正色曰："吾为君之师辈，乃敢搪突若尔？"先生曰："此正所以报师尊也。"又讥王韩城相公为刚愎自用，刘文清公为当场鲍老，一时入座，无不被其讥者。

我们上面讲到，朱珪是洪亮吉的座师，并且洪亮吉还曾经在朱筠之幕，而朱珪还是朱筠之弟，洪亮吉完全不管这一套，他认为指责老师，正是爱师。不仅如此，当年翁方纲是诗界的名流，洪亮吉照样在《北江诗话》中贬斥翁方纲作诗“如博士解经，苦无心得”，即此可知，洪亮吉就是这样一个耿直的性格。但是，他的运气如我所说，并不坏，比如他被流放到了伊犁，仅过了百天，就遇到“皇恩大赦”。这么短的时间又回来了，而且这短短的百十天里，他也并没有遵守皇帝给他的禁令，写了不少歌咏伊犁的诗句。

其实，洪亮吉并不甘心只是做一个藏书家或者是诗人，他也有着“居庙堂之高，则忧其民”的政治抱负，他曾写过一篇《治平篇》，里面谈到了社会人口激增的问题。到乾隆末年，中国的人口已经近三亿，是世界上人口最多的国家，洪亮吉经过一系列的分析，认为人口的增长速度远比社会资源的供给快得多，他认为，这样发展下去，必然成为社会的一个大问题。洪亮吉的主张跟著名的马尔萨斯人口论极其相像，按照有些人喜欢攀比的心理，据说这个人口论述被专家考证出比马尔萨斯的那篇论著早了五年。

洪亮吉在历史上的名声，更多地被目之为著名的诗人，他的诗作按照张维屏在《听松庐诗话》中的评价：“洪北江诗有真气，亦有奇气。”但是，洪亮吉并不看重自己这方面的才气，用他的话来说：“读书只欲究世务，放笔安肯为词章。”再加上他那口无遮拦的憨直性格，因此，李慈铭在《越缦堂诗话》中认为洪亮吉作的一些诗“尤叫嚣”，而张维屏也同样指出“未免失之太快”，但袁枚却不这么看，袁认为洪的诗有着“天风海涛之奇，云蒸霞蔚之彩，已照耀耳目。古之人欤？古之人也”。袁枚的这个评价可谓极高，但洪亮吉的诗是否真达到了他所说的这个高度？我不好评价。

洪亮吉在诗学方面的贡献，被后世称道者，则更多的是他跟黄仲则之间的友谊。黄仲则就是黄景仁，他本是北宋大文豪黄庭坚的后人，在他四岁时，父亲就病逝了，他七岁那年，认识了洪亮吉，自此两人成了莫逆之交。因为黄仲则早卒，洪亮吉帮他处理了后事，两人的惺惺相惜有着太多的故事，我在此也就不再展开细谈。后来，洪亮吉又跟孙星衍成了生死之交，洪亮吉曾经说：“平生性命视知己，得一死友殊堪夸。”可能正是受孙星衍的影响，洪亮吉对经学也有研究，为此也引起了袁枚的不满，这之间有太多的趣事，有兴趣了解细节的朋友，可以去查看相关的史料。

已成绝响的雅集——“吴门真率会”

吴云是苏州的大金石家。从几年前开始，金石拓片类的拍品突然大热起来，直到今天，这个热度也丝毫没有下降的意思。可能是这个缘故，所有金石家的相关物品也跟着水涨船高，比如像吴云的手札、手稿、题跋，甚至有他钤章的藏品，价格都比前些年翻了两番。吴云曾出版过一部《两罍轩尺牍》，这部书的其中一册手稿，在十几年前被我得到，那个时候价格还不贵，如果放在今天，恐怕要花当初十倍不止的代价了。

吴云还是个大收藏家，他的藏品包括鼎彝、碑帖、名画、古印，也有数量可观的宋元书籍。吴云虽曾升任苏州知府，但是他的仕途并不那么顺当。关于他的经历，我查到了这样一段“行述”：

值粤寇沿江东下，侍郎雷以諴治军扬州，檄总理营务。叙功升知府，并加道衔。咸丰戊午，权知镇江府。时郡城残破之余，抚绥安辑，流亡渐归。明年，调苏州，奉上官命赴上海与西国领事会议假洋兵助战，议未定，而省垣陷。巡抚薛焕使率炮艇会洋兵收复松江府城，遂兼摄松守，而部议以失地将夺取，薛公力争得白。因固请交代，并辞兼篆。然尚佐薛公幕，虽不居职，而有大议必须焉。终为忌者谮去，遂不复出。

这段话的意思是说，太平军攻打来的时候，吴云帮着处理清军大营里的工作，可能工作颇有业绩，因此后来升职为镇江知府，第二年又转任为苏州知府。他当时奉命前往上海商议，想借洋人之兵，来跟太平军作战，还没等商量出结果，苏州就被太平军打下来了。为这件事，有人举报他守城不力，虽然也有知情的同僚替他辩解，但他还是不想做官了，于是辞职回了苏州，自此之后沉湎于收藏事业。

那时的苏州是文人聚集之地，这些人时常会举办一些雅集，而那个时候，影响最大、水平最高的雅集，名叫“吴门真率会”。参加此会的会员都是当地有名的大收藏家，吴云当然是其中的首位，另外还有沈秉成，这也是一位曾经的大官员，当过苏淞太道道台、安徽巡抚、两江总督等，同时也是位藏书家，他的藏书楼名耦园。有名的会员还有顾文彬、陆心源、张之万、俞樾、吴大澂、潘祖荫等。顾文彬就不用说了，过云楼的第一代主人，名气很响，尤其过云楼旧藏之书，在几年前卖得了大价钱，这使得顾文彬之名更加广为人知；而陆心源则是皕宋楼的主人，皕宋楼为清代四大藏书楼之一，这些书最终归了日本静嘉堂的故事，也同样是近百年来不断被人提起的往事；张之万，今人提起者似乎不多，但说到晚清名臣张之洞大家都知道，张之万是张之洞的哥哥，其实他比张之洞本事还要大，他是道光二十七年的状元，曾经做到过大学士，那已经是宰相的级别，我藏有张之万的一件奏折，那上面的字堪称精绝；而俞樾更是著名的文人，吴大澂是位金石大家，潘祖荫的收藏故事尤其是大盂鼎和大克鼎，更成了今人关注的焦点。余外，这个“吴门真率会”还有十余位著名人物，比如李鸿裔、高心夔、潘遵祁、汪鸣銮、潘祖同等，这些人均是一流的收藏家。“吴门真率会”大约陆续举办了十年，每月举办一至两次，最初兴于光绪元年顾文彬退职回到苏州，到了光绪九年吴云病逝之后，“吴门真率会”又先后举办了几场，后来就再没有相关的记录。由此可知，吴云是“吴门真率会”的主要举办人物，何况大多数雅集都是在他的听枫山馆举行。每次集会，参加者都会带来自己的几件珍藏之品，互相品评之后进行题跋，同时还会诗词唱和，当然吃饭是免不了的。他们的这个聚会，因为举办的时间不算短，并且频率也很高，所以留下了不少相关的品评题跋，这给后世增加了故事，也增加了藏品的玩头。可惜的是，这样的文物鉴赏会，而今已成绝响。当然，现在也有很多的雅集，也会鉴赏一些物品，但更多的变成了吃饭与聊天，很少会行诸文字，作诗文唱和，这使得雅集缺少了内在的韵味。

前几年，我也曾突发奇想，想续上翁方纲当年发明的祭书会，因为我得到了当年这个祭书会的标志物——宋版《施顾注苏诗》中的一册，当时也有很多朋友希望就此把雅集办起来，我也很受这种氛围的感染。然而细想之下，却又觉得难有操作性，比如说请了众多的朋友，每人带来藏品进行赏鉴，然后还能干什么呢？只剩下吃喝和吹牛了，最终散席之后，落了片白茫茫大地真干净，什么也剩不下来，因为毛笔字能过关的就没几位，现场搞诗词创作，最好也别丢那个人。想到这一层，顿时泄了气。

当年，“吴门真率会”不只是人员的档次高，他们带来的藏品也同样如此，比如光绪元年的第一次聚会，陆心源就带来了苏东坡的一幅书法作品《昆阳城赋卷》，另外还带来了宋刻的《四家帖》。当年的雅集，每个人都要带东西来，过云楼主人顾文彬就带来了宋拓本的《十三行》和元代赵孟頫所书的《秋兴赋》。而沈秉成则带去了一件翁方纲的对联。在那个时代，翁方纲的对联并不是难得的珍品，然而这一副却是有故事的。首先是翁方纲这副对联的内容，“有情今古残书在，无事乾坤小屋宽”，这是清初的收藏家张埙的诗句，很受藏书家所喜爱。并且，这副对联的后面还录有张埙的原诗，以及多位名家的题跋，是一件有名的雅物，沈秉成花了八十两银子将其买下，自然是很喜爱。他把这副对联带到了雅集上，请众人题诗唱和。吴云得到的是“宽”字韵，于是他在和诗中写道：“舟难欲退流偏急，人到无名境始宽。”因为这句诗准确地表达了吴云退位后的心情，同时又跟那副对联的内容很贴切，故被与会者连声叫好，由此而成为吴云的名句之一。

吴云回到苏州之后，就买下了一处宅基地，这个宅基地也有来头，是宋代天圣年间的吴感红梅阁的旧址。吴云将其买下后做了彻底的整修，因为园林中有一棵古枫树，故吴云给其起名为“听枫山馆”，他的藏书楼两罍轩就在听枫山馆内。关于两罍轩名称的来由，吴云有如下的说法：

余既于甲寅年在邗上得阮文达公所藏之齐侯罍，遂名罍藏之所曰抱罍轩。逾十年甲子在吴门又得一罍，即文达擘经室中所载之曹氏器也。海内二大宝一旦都归余斋，复署之曰两罍轩，所以志喜也。己巳初夏，退楼主人并记。

原来，阮元旧藏的两件青铜器都归了吴云，这让他很是得意，于是把自己的堂号改为“两罍轩”。吴云除了收藏这些青铜器和古书，他的另一大收藏就是古印，据说他有秦汉魏晋古印上千钮之多，为此他出过《二百兰亭斋古铜印存》《二百兰亭斋古印考藏》《两罍轩印考漫存》。“二百兰亭斋”也是吴云的堂号，因为他藏有二百卷《兰亭序》拓片。吴云也藏碑帖，并且藏有许多的名碑。可能是因为其眼界开阔，再加上天分很高，因此他的书法也很有名气，顾文彬曾经评价他说：“书法之妙，轶伦超群，所摹十七帖，浑厚古雅，直逼右军。”顾文彬的这句话，显然有些夸张。吴云的书法虽然有自己的特色，但其独特的面目还是跟王右军的书风非为一路。然而在他那个时代，吴云的书法就已经受到世人的追捧，曲园老人就曾说过这样的话：“平斋语言妙天下，而书法之工足以副之，人得其片纸只字，视同求璧。”“平斋”是吴云的字，俞樾能给他这么高的评价，恐怕吴云的书法价值也确实不低。

还有一位金石大师的成就跟吴云有一定的关系，那就是吴昌硕。当年，吴昌硕在吴云家给他的两个孩子做家庭教师，在教课之余，吴昌硕经常在方砖上练刻字，某次被吴云看到了，他问吴昌硕，为什么不在印石上刻？吴昌硕说，自己没有那么多钱买石头。听到这句话，吴云马上给他加了工钱，同时拿出自己所藏的印谱及古印让吴昌硕参考。吴昌硕刻出印后让吴云品评，吴云会直接说出自己对这些篆刻作品的看法。经过一些年的磨炼，吴昌硕终于形成自己独特的篆刻风格，最终成为一代大师。大画家齐白石也是篆刻高手，他同样有自己独特的篆刻风格。齐白石曾写过一首著名的诗："青藤雪个远凡胎，老缶衰年别有才，我欲九原为走狗，三家门下转轮来。"这首诗中提到了三位齐白石所佩服的大艺术家，"青藤"指的是徐渭，而"雪个"则是八大山人，"老缶"就是吴昌硕。在此，齐白石极其谦恭地说自己愿成为这三位大家的走狗，并且能够在这三家之间转来转去，由此可见，吴昌硕的艺术成就在齐白石眼中是何等之高。然而人们却少有提及，吴昌硕是在哪里练出了如此的功力。

吴云的藏书事迹，历史上留下的资料不多，《文献家通考》上转录了张鸣珂《寒松阁谈艺琐录》中对吴云的评价：

> 性喜金石、彝鼎、法书、名画、汉印、晋夸、宋元书籍，一一罗致，入其室者觉满目琳琅，令人有望洋之叹。

由此可见，宋元版藏书只是吴云收藏的其中一个门类，但以宋元版作为一个藏书专题，仅这一点就足够令人震撼的。

《几何原本》续译刊刻记

韩应陛的生平，《清史稿》中所写极为简洁：

> 应陛，字对虞，娄县人。道光二十四年举人，官内阁中书舍人。少好读周、秦诸子，为文古质简奥，非时俗所尚。既而从同里姚椿游，得望溪、惜抱相传古文义法。西人所创点、线、面、体之学，为《几何原本》，凡十五卷，明万历间利译止前六卷。咸丰初，英人伟烈亚力续译后九卷，海宁李壬叔写而传之。应陛反覆审订，授之剞劂，亚力以为泰西旧本弗及也。外若新译重、气、声、光诸学，应陛推极其致，往往为西人所未及云。

这段话概括了韩应陛的籍贯、学历及官职，同时谈到他的学问偏好以及师承。韩应陛既喜欢桐城派的文法，又对西学很感兴趣，在西学方面他以刊刻《几何原本》续译九卷最有影响力，而其本人对西方科学也有研究。这样的一位藏书家的确很罕见。

晚明时利玛窦和徐光启合作翻译了《几何原本》，但当时只翻译了该书的前六卷，为何剩余部分未曾翻译，梅文鼎在《几何通解》中就提出过这样的疑问：

> 言西学者以几何为第一义，而传只六卷，其有所秘耶？抑为义理渊深，翻译不易，而姑有所待耶？

梅文鼎猜测《几何原本》没有译完，一是可能有什么珍秘在，还有一种可能则是有些内容太过深奥不容易翻译。当时在上海的英国人伟烈亚力决定翻译此书的后续部分，他认为："学问之道，天下公器，奚可秘而不宣。"于是他从英国买来了《几何原本》十五卷全本，而后他找到了李善兰进行对译，终于完成了后九卷的翻译。

对于该书的翻译情况，李善兰在《续译几何原本序》中称：

> 泰西欧几里得撰《几何原本》十三卷，后人续

增二卷，共十五卷。明徐、利二公所译，其前六卷也，未译者九卷。……自明万历迄今，中国天算家愿见全书久矣。道光壬寅国家许息兵，与泰西各国定约，此后西士愿习中国经史，中士愿习西国天文算法者听。闻之心窃喜。岁壬子来上海与西士伟烈亚力约续徐、利二公未完之业。伟烈君无书不览，尤精天算，且熟习华言，遂以六月朔为始，日译一题，中间因应试、避兵诸役，屡作屡辍，凡四历寒暑始卒业。……忆善兰年十五时读旧译六卷，通其义，窃思后九卷必更深微，欲见不可得，辄恨徐、利二公之不尽译全书也，又妄冀好事者或航海译归，庶几异日得见之。不意昔所冀者，今自为之，其欣喜当何如耶？

李善兰讲述了《几何原本》的翻译过程，同时又夸赞伟烈亚力的博学，他们陆陆续续用了四年的时间于咸丰六年翻译完后九卷。此书完成后伟烈亚力也十分高兴，他在该译本的序言中感叹说：“书既成，微特继利氏之志，抑解梅氏之惑，殊深忻慰。”看来伟烈亚力翻译该书就是为了完成利玛窦未竟之业，同时也为了解读梅文鼎对此提出的疑惑。从此之后，《几何原本》有了足本的中译本，这让其颇感欣慰。

然而此书完成后，可能是没有找到刊刻之资，故该书最初以钞本形式流传。韩应陛闻听此事，他愿意出资将此书刊刻出来。他是传统的藏书家，为什么对西学著作感兴趣？邹振环所著《晚明汉文西学经典：编译、诠释、流传与影响》中说道：

> 他系金山钱熙辅之婿，张文虎曾馆钱氏家长达三十年，因此与韩应陛结为密友。钱氏世代书香，家富藏书。韩应陛效法钱氏，亦致力于收藏图籍及古器物。

这段话乃是说韩应陛家族本就有藏书之好，更何况他是金山藏书家钱熙辅的女婿，这更使他对传统典籍有了收藏的兴趣，而他与西学的关系，邹振环在文中又写道：

> 与墨海书馆的伟烈亚力、王韬等人交往频繁，还参与校订墨海书馆出版的光学、声学等读物。

原来韩应陛跟伟烈亚力和王韬等人都有交往，想来是受这些人的感染，韩应陛也致力于西学的研究。《弢园尺牍》中载有王韬所写《与韩绿卿孝廉》一函，而绿卿乃韩应陛之号，此信中称：

> 于格致一端，已窥其奥，凡见测天仪器，不惜重价购求，是以洞悉物理，穷极毫芒，倾吐之余，佩服无量。

看来韩应陛不仅读西学著作，他也会购买一些天文仪器，以此可见，他对西学研究兴趣之深。而那时王韬正在墨海书馆担任校对，他从李善兰那里得知续《几何原本》即将刊刻完成，十分高兴，他在给韩应陛的信中称：

> 昨于壬叔处得见手书，知近刻《几何》已将蒇事。天算之学，西人精于中土十倍。几何又为算学之渊源，第利氏有翻译未全之憾，今伟君为补成之，功当不在利氏下。足下为之锓版传世，功亦不在徐、利下。

王韬夸赞说伟烈亚力续补之功不在利玛窦之下，而韩应陛刊刻该书的功劳同样不在徐光启、利玛窦之下。韩氏将该书刊刻完毕后赠给王韬一部，王在咸丰八年十二月二十二日的日记中写道：

云间韩蒉卿应陛来访，以所刊《几何原本》相赠，得之如获拱璧。蒉卿为云间名孝廉，塾于诸子，作文奇奥诡邃，几不可读。《几何原本》八卷（应为九卷），系伟烈君与壬叔所译，而蒉卿以其特探秘钥，西法大明，特出资授梓，今已蒇事，因携一册来饷予，殊可感也。夜挑灯将此书略展阅一过。

韩应陛亲自给王韬送去一册刊刻出的续《几何原本》，王十分重视此书，连夜翻阅了一过。该书后面还有韩应陛写的《题几何原本续译本后》，韩在此文中写道：

夫徐利俱精天算家言，李伟烈亦俱精天算家言；徐居吴淞，李亦居吴淞；利生于欧罗巴，而游于中土，伟烈亦生于欧罗巴而游于中土；利信耶稣，伟烈亦信奉耶稣。前书徐利各撰一序，此书李伟烈亦各撰一序。何前后一一相同，如是顾未知后日亦得收入四库否也？

韩应陛对他所续刻的《几何原本》十分看重，他盼望着今后续修《四库全书》时能将该书纳入其中。

可惜此书刊刻不久版片就毁于太平天国战火。邹百耐纂、石菲整理、陈先行审定的《云间韩氏藏书题识汇录》中有韩应陛在《几何原本续集》八卷中所写手记：

> 此书行世罕少，盖剞劂讫工即遭庚申之难，板片毁于兵燹，其后亦无翻刻，故各书目亦无有是书之著于录者。

可见《续集》的确已刊刻完毕，但原书为九卷，不知为何韩应陛写为续集八卷，然其称该书版片的确毁于战火。但即便如此，也有少量流传。邹振环在其专著中就提到上海图书馆藏有该书一部共三册，而此书扉页上有红笔标注“第一次刷印六十七部”“每部纹银四两”。以此可见，该书第一版仅六十七部，难怪后世流传甚少。

虽然王韬对韩应陛刊刻该书大为兴奋，但两人的一些政治观点其实并不相同。当时伟烈亚力办有《六合丛谈》，韩应陛、王韬、李善兰等都是该杂志的主要撰稿人，比如该刊第四号刊发有韩应陛所撰《用强说》一文，该文首先称：

> 万物莫不喜强而恶弱。然而用强者，正其所

以自弱也。天生之物，强在其中，弱在其始终。人为之物，强处其始，弱处其终。物之有贤者，莫不有终，物之所终，即强之所尽。

韩应陛首先讲述了人们喜强恶弱的缘由，而后他以刀的锋利和弓的强弱来讲述强与弱之间的关系，最后他得出这样的结论：

行百里者，不息则不能更行。负百均者，不息则不能更负。目久视则眩，耳久听则聋，身久劳则病也。天下之物，莫不有美也，美在其中，不泄则不亡。用其强者，乃所以泄其强也，强安得存，世之轻用强者，其亦知所警已哉。

总体而言，韩应陛认为物极必反，任何事情都要适度。然而他的观念却遭到了王韬的反对，王韬在《六合丛谈》第九号上发表了《反用强说》，以此驳斥韩应陛所言。显然他也顾及朋友间的关系，没有用本名，而用化名王利宾发表此文。其实两人争论的焦点乃是中英两国在广州不断升级的外交争端，韩应陛认为不应当以硬碰硬的方式解决问题，而王韬却反对他的观点。虽然观念差异较大，但却并没有影响两人的交往。

当时韩应陛将续《几何原本》刊刻进了他家的“守山阁丛书”中，可惜该套书版毁于战火。后来李善兰又鼓动曾国藩将十五卷本的《几何原本》刊刻于金陵书局，此书有署名曾国藩所撰《几何原本序》，然该序实乃出自其子曾纪泽之手，该序中谈及：

> 松江韩绿卿尝刻之，印行无几而板毁于寇。壬叔从余安庆军中，以是书畀予曰：“此算学家不可少之书，今不刻，行复绝矣。”会余移驻金陵，因属壬叔取后九卷重校付刊。继思无前六卷，则初学无由得其蹊径，而乱后书籍荡泯，《天学初函》世亦稀觏，近时广东海山仙馆刻本，纰缪实多，不足贵重，因亚取六卷者属校刊之。

到此时，《几何原本》及续本终于合二为一，成为十五卷的全本。但该书刷印量也不大，王澧华、向志柱注释的《曾国藩家训》中有曾国藩给曾纪泽所写信有言：“《几何原本》可先刷一百部。”可见这类科学著作虽然重要，但依然是曲高和寡。

是谁留住了《古今杂剧》

《古今杂剧》能够广为人知跟郑振铎有很大关系。《古今杂剧》不是一部著作，应该算一部丛书，严格地说，连丛书都不算，只是不同剧本的一个集合体，这里面有刻本，有抄本，只是因为数量多，古人给这批书起了个简约的名称，叫作《古今杂剧》。这部书的最早著录人是赵用贤和赵琦美父子，而这部书的真正抄写人则是赵琦美。从明万历四十二年开始，赵琦美就到处抄录元明杂剧，用了三年时间从内府御戏监本以及山东藏书家于小谷家中共抄得二百四十二种，也有资料说原本是三百四十种，只是流传到今天剩余了二百四十二种。这些抄本对元明杂剧的流传极为重要，因为除了脉望馆的这部抄本之外，有许多杂剧已经失传，失传的数量有一百三十五种之多。也就是说，如果没有脉望馆的这部抄本，那么元明杂剧中至少有一百三十五种将彻底地消失在这个世界上。

新文化运动兴起，戏曲的地位大为提高，这使得当时的藏书家以及相关研究专家想尽办法去挖掘已经失传的古代剧本，名气极大的脉望馆抄本《古今杂剧》当然是大家都想得到的，然而这部《古今杂剧》已经很多年不见了踪影，谁都不知其下落。到了二十世纪三十年代，《北平图书馆月刊》登出一篇丁祖荫的文章，题目是《黄荛圃题跋续记》，文中提到丁祖荫看到过《古今杂剧》。郑振铎读到这篇文章后大为兴奋，立即托朋友找到丁祖荫向他了解《古今杂剧》的下落，而丁祖荫说这部书他是从赵宗建的旧山楼借来的，看了三天又还了回去，最终书到了哪里，他也不知下落。

到了 1938 年 5 月，上海中国书店经理陈乃乾打电话给郑振铎，说自己得到了一个重要消息：苏州的书商杨寿祺看到了三十二册的《元明杂剧》，这些抄本中有赵琦美的跋语，他怀疑这就是传说中的脉望馆抄本《古今杂剧》。郑振铎闻此立即赶到了杨寿祺的来青阁书庄。杨寿祺告诉他，书不在自己手里，在另外一个唐姓的书商手中，总计三十二本，如果郑振铎肯定要，杨可帮助代为买下。同时，杨告诉郑说，他知道古董商孙伯渊处还有三十多册此书，如果郑也想买下，他可代为商量，价格大约在一千五百元至二千元之间。郑说这些书他当然都想要，于是付了一千元定金给杨寿祺，杨让他回去等消息。

第二天下午杨寿祺给郑振铎回信说，唐姓书商手中的那三十二本也被孙伯渊花九百元买走了，这样《古今杂剧》在孙伯渊手中凑成了全套，价格也直飙而上，开出了万元天价。看来孙伯渊也是位懂行的精明商人，他认定这等高价也一定会有人要。这个突然的情况让郑振铎始料不及，虽然他知道此书的价值，但这个价钱他无论如何也拿不出，于是郑振铎找他的朋友卢冀野和北平图书馆馆长袁同礼商量，他们也认为这个价格高得难以接受，但孙伯渊已经放出话来，只给郑留一段时间，如果不要，他就转给别人。卢冀野认为，无论花多大的价钱，这些元明杂剧都是值得的。他的话对郑振铎很有影响，于是郑就想办法借到了这笔巨款。郑振铎跟陈乃乾找到孙伯渊后，跟孙商量了三天，终于把价格谈下来一些，最终以九千元将流传下来的《古今杂剧》全部买下。

《古今杂剧》到手后，郑振铎欢喜异常，当晚就出去喝了两斤花雕酒，第二天酒醒之后才发觉自己的大衣和帽子都丢了。之后郑振铎几经打听，渐渐得知了一些实情，原来《古今杂剧》就是丁祖荫的收藏之物，因为丁已经从赵宗建的旧山楼中将此书买了下来。但不知出于什么心理，丁却不承认这是自己的书，也许是不愿意露富，那既然如此，为什么又要写文章来介绍该书呢？看来人性的矛盾确实是太过复杂。

抗战期间，丁祖荫在苏州的住宅被日军侵占，他的藏书因此而散佚了出来，散出的书有一部分卖到了旧书店。大华书店的老板唐耕余买到了《古今杂剧》的下半部分，后来他又收到了上半部分，卖给了孙伯渊。郑振铎了解到这些详情之后，再结合他对该书的研究，写了一篇文章，名叫《跋脉望馆抄校本〈古今杂剧〉》。此文有三万多字，其中有很长的一个段落叙述了《古今杂剧》的完整递传过程，他说该书自从赵琦美抄出之后，赵就把自己的藏书全部托付给钱谦益保存，虽然钱的藏书处绛云楼不慎失火，但万幸的是《古今杂剧》没有放在楼内。失火之后，钱谦益把剩余之书赠送给了族孙钱曾，此后辗转又被季振宜所得，后来该书又归了何煌，接着又到了黄丕烈手中，黄丕烈将该书售与汪士钟，之后该书又归了赵宗建，再后来就归了丁祖荫。从以上这些鼎鼎大名之人就可知道，这部《古今杂剧》称得上是真正的流传有序，而它的抄写人更是不应被忘记。

中国古代的藏书楼虽然千年以来有着数不清的家数，但流传至今者绝大多数都是清代所建，而赵用贤和赵琦美均为明代藏书家，赵用贤藏书事迹可见钱受之所写《刑部郎中赵君墓表》：

> 君天性颖发，博闻强记。欲网罗古今载籍，甲乙铨次，以待后之学者。损衣削食，假借缮写三馆之秘本，兔园之残册。刓编啮翰，断碑残甓，梯航访求，朱黄雠校，移日分夜，穷志尽气。好之之笃挚，与读之之专勤，近古所未有也。

赵用贤本在朝中为官，在万历五年，他上书弹劾宰相张居正，为此遭廷杖而除名，家居六年后，又重新被召用，曾做过南京国子监祭酒。不知道是不是因为做过祭酒的缘故，他才喜欢上了藏书，他的藏书目录叫作《赵定宇书目》。

赵用贤的儿子赵琦美应该是受父亲的影响，也同样喜欢藏书，他曾编过《脉望馆书目》。此书目著录藏书五千多种两万多册，其中著录了一些宋元本的残本，这是流传至今的古代书目中第一部著录残本者。而今宋元残本已经成为无论公私书目都必著录者，但很少有人会提起这种著录方式是由《脉望馆书目》首开先河的。

我曾在某文章中看到过对脉望馆如下的评价：

正如专家所称，赵氏脉望馆藏书首开常熟藏书家“藏书者之藏书”之风，与后继而起的绛云楼主钱谦益的“读书者之藏书”，汲古阁主毛晋之“售书者之藏书”，可谓三足鼎立，各领风骚。

其实这种分法应该是借用了钱曾的观点，《读书敏求记》里面的《洛阳伽蓝记》一篇中有如下的话：

予尝论牧翁绛云楼，读书者之藏书也。赵清常脉望馆，藏书者之藏书也。清常殁，其书尽归牧翁。武康山中，白昼鬼哭，嗜书之精爽若是。

而当今专家又将汲古阁并列为三，将毛氏定为“售书者之藏书”，这可真是个新鲜的叫法。

关于脉望馆之名，有的资料上说是典出《仙经》：“蠹虫三食神仙字，则化为此物，名为脉望。”而有的资料上说，该句话是出自唐代段成式的《酉阳杂俎》。不管怎样，从“脉望”之名即可知道赵氏父子爱书到什么程度，而今脉望馆变成了古琴馆，将古琴和古书合二为一，这倒应了钮树玉的一副对联：“鞠通夜抱朱丝静，脉望朝含绿字香。”“鞠通”据说是古琴中的蛀虫，而“脉望”则是古书中的蛀虫。我一直在猜想，如果把鞠通跟脉望放在一起，让它们打架，不知道谁会是胜利者，后来想明白了，脉望虽然是蠹虫，但它已是蠹虫中的神仙，而鞠通好像还没有变成仙，这样想来，应该脉望打得过鞠通。想到这一层，我的心释然了。

被截留的敦煌遗书

二十世纪中国古代文献的发现，虽然能列举出来很多家，但敦煌藏经洞的发现应当是其中的重头戏。直到今天，研究敦煌遗书仍然是一大显学。这方面的研究极有成果之人我认识两位，一位是方广锠先生，另一位则是李际宁先生。我在这方面的知识，大部分是跟他两位偷艺而来。近几年，敦煌藏经仍有一些劫余之物陆续出现在拍卖场中，藏书家们看到这些千年古物，都是拼命地争抢，使得这些写经的价格扶摇直上。但是这些经书的数量少且不说，质量也不是最好的。我在这里说的质量，指的不是伯希和、斯坦因拿到英、法的那些精品，那一批已经不可论。仅单说国内剩余的部分，精品也已不在国内，而是到了日本，这里面的故事就要从李盛铎讲起。

1900 年 6 月 22 日，道士王圆箓无意间发现了藏经洞，他虽然上报了政府，但是最终也没有引起重视。

后来，伯希和、斯坦因等一些外国人从中间挑走了许多精品，并且还在北京搞了个小型展览，这才引起了中国学者的重视，上报朝廷，皇上下令将藏经洞剩余的经全部运到北京，这已经是发现藏经洞后的第十年。负责藏经洞运经事务的官员是何彦升，这位何彦升跟大藏书家李盛铎为儿女亲家，不知道李盛铎是不是在起运之前对何有嘱咐，总之，这些敦煌写经运到北京之后，先是运到了何彦升之子何震彝的家中，而李盛铎正是何震彝的老丈人。

这些敦煌写经在何震彝家放了三天，这“三天”的来由是出自罗振玉的一则序言:“乃先截留于其斋，以三日夕之力……”用三天时间把敦煌写经挑选了一遍，挑选人不只是李盛铎一位，另外还有学部副大臣刘廷琛，以及其他朋友。以李盛铎的学识，以及对目录版本学的眼光，由外国人挑剩下来的这些写经，再由他挑选一遍，应该是把其中的精品都挑得差不多了。他究竟挑出来了多少卷写经，后人研究有不同的数字，其实很难确定他究竟拿走了多少，因为这毕竟是一件秘密进行的事，但数量肯定不少，质量也一定最高。就因为这一点，我认为留在中国的敦煌写经，现在藏在公共图书馆的且不论，仅说私人收藏，自敦煌藏经洞发现以来，没有谁的敦煌遗书质量能够超得过李盛铎。

李盛铎家的藏书，始于他的曾祖父李恕，李家藏书楼的整体堂号叫作“木犀轩”，这个堂号就是从李恕用起，在他那个时候，木犀轩的藏书已经有了数万卷之多。李恕在道光初年，在江西庐山的莲花峰下，建起了木犀轩，而所建地点竟然是在宋代大儒周敦颐的墓旁。李恕之子李文湜也同样喜好藏书，但可惜他藏书的事迹没有详细的记载。而李盛铎的父亲李明墀的藏书事迹却有两个出处，《德化李大中丞行状》中是这样形容李明墀的藏书情形的：

> 生平好聚书，廉俸所余，辄购置经籍，所藏多至数十万卷。

数十万卷这个数字，确实是够大，古人写传记都有溢美之词，即使如此，也说明李明墀藏书的确有规模。但是李明墀所藏之书，全部毁于太平天国战乱。战乱平息之后，他又开始藏书，用他自己的话来说：

> 予少耽典籍，家富储藏，点勘摩挲，无间晨夕。咸丰壬、癸(1852、1853)之交，毁于兵燹，片帙靡存。其后服官中外，颇复收取，为是既久，愈于旧观。

李明墀再次收集的这些古书，后来归了他的儿子李盛铎。李盛铎很有藏书的天分，他从12岁开始自己藏书，买的第一部书，就是明景泰刻本《文山先生全集》。12岁就懂得藏书，并且一起手买的就是一件难得的明景泰本，这起点太高了，在我看来，简直就是拔地而起。自此之后，直至77岁去世，李盛铎大半辈子的经历都跟藏书有关，而且他的藏书成果绝对属于他那个时代的最高水准。同时代的大藏书家傅增湘曾经到天津的木犀轩看李盛铎的藏书，他发出了这样的赞叹："统观藏书全部，量数之丰，部帙之富，门类之赅广，为近来国内藏书家所罕有。"傅增湘看藏书的眼光是何等之高，他能有这样的赞叹，可见木犀轩的藏书已经达到了何等的高度。

前几天，我到北大善本库去看书，在里面看到了李盛铎从日本购书的结账单，十分感叹那个时候日本的书价贱烂如泥，但是他有这样好的机缘，也恰恰来源于他的经历。李盛铎在二十多岁时，有一次路过上海，在一家叫"乐善堂"的药店认识了日本人岸田吟香。那个时候正是日本开始明治维新的阶段，明治维新的一大思潮，就是抛弃日本从中国学来的古老传统，转而学习西方的先进思想和技术，中国的古书在日本迅速地大贬值，几乎到了全部抛弃的程度。而正是这个阶段，李盛铎开始请这位岸田吟香从日本大量买书，他自己也到日本去收书，在日本结识了著名的版本学家岛田翰。岛田翰帮着李盛铎收购了许多古书，中国人都恨岛田翰把陆心源的旧藏买回了日本，其实他也同样把许多善本从日本卖到中国。如此想来，岛田翰就是在做生意。而我更看重李盛铎的眼光，他在那个阶段竟然仍敢大量买书，这是何等的勇气。

李盛铎不只在国外收书，国内一些大藏书家散佚出来的宝物，也有许多逐渐流入了木犀轩，比如湘潭袁芳瑛卧雪庐的藏书，在清代也算是湖南藏书质量最高者。同样是湖南的大藏书家叶德辉就这样评价过袁芳瑛："湘中精版本之学者，必首推先生（即袁芳瑛），所藏两宋元明旧椠名钞，皆荟萃南北藏书家整册残篇而自成一派。"

而袁芳瑛的藏书，后来基本上都归了木犀轩。四大藏书楼之一的海源阁，也有不少的精品归了李盛铎。他藏书几十年，手中得到了太多的精品，其中，宋元本竟有三百部之多，难怪伦明评价说："（李盛铎为）吾国今日唯一大藏家也。"

还有一批重要的收藏跟李盛铎有很大关系，那就是内阁大库档案，也就是俗称的"八千麻袋事件"。明清两代的档案，原来都存放在故宫那个大库，后来因为各种原因，将这些数量巨大的档案清理了出来，存放在教育部和历史博物馆。又因为后来经费困难，在1921年，历史博物馆将这些档案以四千块的废纸价格，卖给了同懋增纸店。罗振玉偶然在琉璃厂看到了散佚之物，他花一万两千元把这些档案追了回来，因为这个费用是罗振玉挪用同乡汇款，放了三年之后，他只能将此转让出来，以便还款，于是1925年就把这重达十二斤的档案，以一万六千元卖给了李盛铎。三年之后，李盛铎又将这些档案以原价卖给了中央研究院历史研究所，使得这一大批档案没能流失出去，从这个角度而言，李盛铎为了保护典籍，也做出了很大的贡献。

李盛铎的儿子李滂，也是一位有名的藏书家，他是李盛铎的第十个儿子，因为有家学，曾经在北平民国大学做教授，所讲的课程就是目录版本学。从李恕到李滂，这样算下来，木犀轩的收藏竟然经历了五世，这在中国藏书史上也并不多见。虽然天一阁的藏书经历了四百多年，但范钦之后，范家却很少有著名的藏书之人，而木犀轩则不同，几乎每一代都有藏书的记载。然而，木犀轩五代的收藏也正结束在这位李滂的手中。

1939年底，李滂将木犀轩的旧藏以四十万元出售给了当时的北平伪政府，后来这批书拨付给北京大学图书馆保存，这一大批珍宝现在仍然完整地保存在北大图书馆中。但是，美国哈佛大学也曾经花六万元买到了一批木犀轩的旧藏。这批书是从什么渠道卖出的，我却没能查清楚线索。据说还有一批木犀轩旧藏曾经出现在琉璃厂旧书店中，这倒确实是实情，因为近几十年，我至少看到过几十部木犀轩藏书，而我也购得了其中的几部，其中最佳之物应当算是木犀轩所藏的明钞本。另外，我还藏有一部李滂的题记本，这也算我跟木犀轩的一点因缘。

李盛铎所藏的唐人写经，如上所说当然都是精品。荣新江先生有这样的评价：

> 他精通版本目录之学，所得多为佛经以外之四部典籍、景教文献及公私文书，数量质量均堪称私藏敦煌写卷第一家。

然而，这些经卷最终以八万日元又卖到了日本，卖出的总计数量是四百三十二卷。自从卖出之后，这些敦煌经卷就没有了消息，但近几年，关于李盛铎所藏的那些写经又有人谈论起来，听说至今仍然完好地保存在某个日本藏书家手中，这让很多人都在打主意，想办法把它弄回来，最终是否能如愿，我也在静静地期盼着这个结果。

日本人买走的这些敦煌经卷并非木犀轩所藏的全部，因为在民国年间，李盛铎的女儿也卖出了二百多卷，卖给了当时的中央图书馆，而这中间人就是叶恭绰，如今这二百多卷仍然完好地保存在台北。将这两次出让加起来，李盛铎当年收藏的敦煌经卷至少有六百余卷。其实还不止是这个数量，因为近些年偶然还能见到李盛铎收藏之物。

这么一统计，问题就来了，因为当初敦煌藏经洞所剩余的经卷，在运往京城的时候，已经做了数量上的清点，这个数字已经报告给了朝廷，据说数量是六千多卷。那么运到了北京，仅李盛铎一人就拿出了其中的百分之十多，并且不是他一个人从中截留，至少还有另外的两位，估计数量也不会少。拿走这么大量的经卷，如何向朝廷交差呢？这都是我等愚人所发出的问题，对于顶天聪明者，这根本不是事。最有戏剧性的是，从敦煌起运时，总计六千多卷的文献，到入藏京师图书馆，再做清点，却变成了八千多卷。据说，敦煌文献在运京过程中，不只是李盛铎等人截留下来的那一批，在他们之前，沿途也有一些人拿走过一些，这个越拿越多的结果，真是太有意思了。原来这种增量法其实很简单，就是把剩下的经卷，撕为两段甚至三段，因为这些经卷在清点的时候，只有数量，而没有名称和每一卷的长度，并且敦煌写经中，本来大部分就是原残，撕成几段也无从查证，这样就轻易掩盖了从中截取的事实。

1929 年，敦煌的这些经卷，由京师图书馆移交给北平图书馆的时候，数量又增加了将近一千卷，是不是这里又发生了什么盗漏问题？后来有一次跟拓晓堂先生聊到这个话题，他说有些情况也并非完全如此，因为运京的时候，就有很多的破烂残片，并未做清点，后来对敦煌之物越来越重视，连这些残品也开始点数，所以数量反而多了起来。如此想来，国家图书馆连残片都要看重，那么当年李盛铎所藏的这些经卷，将会是何等的精彩！这几十年来出现在市面上的唐人写经，也在百卷以上，但我却没有见过一卷首尾完整的写经。这句话说得有点绝对，其实也的确有过一卷，但那只是一件《心经》，可《心经》太短了，也有可能只是某件经尾的一段。但我想，李盛铎当年所留下的，一定有许多首尾完整者，真期待着有一天能够看到他当年卖到日本的那一批敦煌藏经。

书家

黄丕烈：多少藏书家俱在，姓名不逐暮云空

黄丕烈（1763—1825）

以名气论，黄丕烈应该是中国古今藏书家中名气最响的一位，凡是爱好古籍收藏者，都言必称黄丕烈，我当然也对这位大藏书家很是崇拜。然而早前对他生平的了解，大多是从历史文献上偶然读到的一鳞半爪，直到某天在琉璃厂逛书店，买到了一本姚伯岳先生所著的《黄丕烈评传》，通读之后才对黄丕烈的生平事迹有了整体性的了解。

姚伯岳所著《黄丕烈评传》，乃是匡亚明主编的《中国思想家评传丛书》中的一种，这套丛书在社会上影响颇大，我到各家书店都能看到整架的陈列。为了寻找古人的传记资料，我每到书店都会浏览一下这个专架，可惜的是这套丛书所收人物虽然古今皆备，之前却一直没有跟藏书史有关的传记，所以当我看到姚伯岳的大著后，那种兴奋可想而知。

听业界朋友谈起，姚伯岳先生就职于北大图书馆

善本特藏部，某天我到北大办事时，就有了一见作者的愿望。

那次的聊天颇为愉快，我从姚老师身上体会到了学者的认真与谦逊，他说自己写《黄丕烈评传》费了很大的心血，因为用功过度，书稿完成时竟然为此大病一场。看来，任何成就的取得都非一日之功。而姚老师也称，他通过写《黄丕烈评传》，将传主的生平做了整体梳理，这更让他觉得，黄丕烈在目录版本学上所做的贡献，没有受到世人的普遍认可。

拜读《黄丕烈评传》以及与姚老师的谈话，都使得我对大藏书家黄丕烈有了全新的认识。后来我特意跑到苏州去寻找黄丕烈旧居，但那时黄丕烈的藏书楼被苏州市丝绸厂所占用，因为各种原因，禁止外人进内参观。

对黄丕烈书楼的第一次寻访，大约是在九十年代末期。此后过了七八年，我再次到苏州寻访藏书楼时，又一次来到了这家丝绸厂所在地。眼前所见，这里已经变成了建筑工地，我看到几栋楼房矗立在厂院内，心想黄丕烈旧居就此消失在这个世界上了，瞬间产生了愤怒之情。但我的愤怒无处发泄。正在此时，一辆车蹭到了我的背包，其实并没有伤到什么，但却让我这无处发泄的愤怒找到了出口，于是我冲着司机大声吼叫。可能那人认为自己遇到了疯子，竟然没敢言语，迅速地开车离去。

2013年末，我在《文津学志》第六辑上读到了姚伯岳所写《黄丕烈生前居所及庐墓家系略考》一文。过了这么多年，姚老师仍然在研究黄丕烈，并且他将研究的视角又延伸到了黄丕烈的墓。他的文章当然让我大感兴趣，因为此时我正在进行自己的另一个寻访计划——藏书家墓的寻访，其文中恰好谈到了这点。于是在好友马骥先生的安排下，通过几层关系，才终于让我站在了黄丕烈墓址之前。

虽然如此，却也让我更加惋惜黄丕烈故居的荡然无存。如今，那处故居究竟被改造成了什么模样呢？这当然是我的牵挂。

我在姚老师的文章中读到了这样一段话："2012年笔者再次前往，发现其地又改为平江华府酒店会所（标牌为菉葭巷88号），仅东边一排保留了原有的一些格局和建筑风格，但全部翻建重修，辟为酒宴之所。旧地凭吊，令人顿生世道沧桑之感，为之慨叹不已。"

我觉得再到苏州时，一定要住进这家酒店——因为它毕竟建在黄丕烈故居之上，能够住在我所崇拜的藏书家故居之内，所得到的幸福感，如果不是爱书人绝对体会不到。

如愿入住平江华府酒店的第二天一早，我迫不及待地去参观黄丕烈故居，此时方得知平江华府酒店所盖起的房间乃是丝绸厂的原用地，属于黄丕烈故居的那一部分，他们完全按照古建的方式做了整体的维修与保护。

酒店的侧旁有一个长廊，从长廊的月亮门走进，这一带就成了黄丕烈故居的范围。在一面侧墙上，悬挂着手书体的《百宋一廛赋》。

黄丕烈的藏书楼已经翻盖成了一个独立的小院，我恍惚还记得十几年前到丝绸厂时看到的情形，隐约地感到这座书楼就是我当年所看到的位置。而今书楼的一楼被布置成了宴会厅的模样，二楼已经没有了当年的书架，而摆在正中位置者，是红木制作的会议桌。平江华府酒店的沈春蕾总经理告诉我，此楼的房顶所用主料，依然还是当年书楼的旧料。她的这句话让我对这座翻盖之楼又增加了几分亲切。

参观完书楼，沈总带着我继续探看酒店所恢复的古建。这一带古建是否也属于黄丕烈故居的范畴之内，我却不好确定。沈总称，黄丕烈故居其实后来卖给了潘家，而潘家把这里改成了义庄。虽然如此，他们还是将整个区域修建起来。走到这处古建的最后一个院落，沈总介绍说，当年黄丕烈故居的正门应该在这一边。我走出大门一看，外面是一条窄窄的小巷，从侧牌上得知，这里就是著名的悬桥巷，黄丕烈在文中常

百宋一廛賦注

嘉慶乙丑秌九月吳郡黃氏士禮居梓行

《百宋一廛赋注》一卷，清嘉庆十年黄氏士礼居刻本，书牌

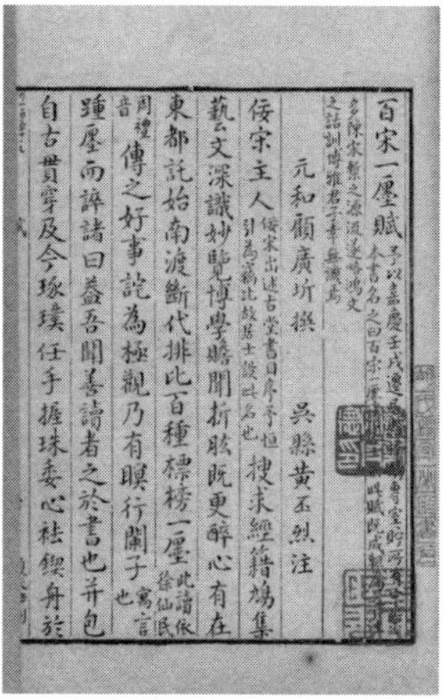
百宋一廛賦

元和顧廣圻撰　吳縣黃丕烈注

佞宋主人　搜求經籍爲集

藝文深識妙覽博學瞻聞析肱既更醉心有在

東都訖始南渡斷代排比百種標榜一廛

傳之好事詑為極覩乃有瞑行闌子

踵廛而誶誚曰蓋吾聞善讀者之於書也并包

自古貫穿及今琢璞任手握珠委心祛鍥舟於

《百宋一廛赋注》一卷，清嘉庆十年黄氏士礼居刻本，卷首

常提到他在这个小巷出出入入。于是我站在小巷内张望一番，眼前恍惚看到黄丕烈带着人从船上搬下他所买之书，匆匆忙忙地穿过这条小巷，将书搬入我刚刚看到的这个院落。

其实黄丕烈原本并不住在这里，他家远在苏州城南昭明巷，乾隆六十年六月二十日晚上，黄家意外失火，家中的财物大多被烧毁，然而他所藏之书却未被波及，这个结果堪称奇迹，看来爱书之人果然有神仙护佑。但灾后的房屋损坏严重，于是在失火后的第二年，黄家搬到了城西的王洗马巷，黄丕烈在这里建造了一个花园，起名为“荛圃”，而“荛圃”也成为他著名的字号。

当年的苏州城西是著名的富人区。黄丕烈家境不错，虽然因火灾损失了一些钱财，但还有一定的实力，所以才会有他的表哥石韫玉因为缺钱把房屋抵押给了黄家的事。但是王洗马巷这一带却没有什么书店，黄丕烈访书就要跑到城东，这让他感到颇为不便，他在《雁门集》跋语中写道：

> 东城多故家，故家多古书，古书时有散出者。东城之坊间为易收，亦为东城之人所易得，盖搜访便也。

这种情形让爱书如命的黄丕烈很不惬意，于是他就在城东选房，而后买下了悬桥巷这处宅院，因为从悬桥巷走到旧书集散地玄妙观一带，不过十分钟的距离。黄丕烈搬离富人区，来到了悬桥巷，就是为了访书方便，可见他爱书到了何种程度。

然而他的痴迷并不能得到当世人的理解，按照社会的陋俗认知，残古书会泄露天机，所以有可能受到天谴，黄丕烈在《茅亭客话》跋中也称：

俗人以余好收古书，动以泄天地奇秘为戒。

群众的呼声也并非空穴来风，因为在嘉庆九年，黄丕烈的大儿子因病去世，而当年的九月下旬，黄丕烈的哥哥又去世了，为此很多人都劝他不要再收藏古书，但黄不为所动。到了嘉庆十一年冬，黄丕烈本人也得了重病，有人又说这是他多藏古书的结果。对于这件事，他的好友顾千里在《复翁诗一百卅六韵》中写道：

亲戚相与兴谤讪，谓翁致此别有以。
虚空有物曰造物，其所深忌在书史。
满家每诧希世珍，一一均堪颠跋使。
更苏勿药神助之，此论纷纷罔少止。

黄丕烈的难得之处就是不受这些议论的干扰，他并没有停止自己的藏书活动。到了嘉庆十一年底，他的病自然痊愈了，可见那些流言蜚语并没什么道理。大病初愈后的黄丕烈也很高兴，于是给自己起了个新的别号，叫“复翁”，流传至今的黄跋本，其中不少都有这个落款。由此可知，凡是带有这个落款的，都是他在嘉庆十一年底之后所收，而在我的藏本中，就有这样一部。

黄丕烈在藏书史上的创见之一，就是他所举办的祭书活动。虽然在他之前也有人做过，比如翁方纲得到了宋刻本的《施顾注苏诗》之后，每年在东坡生日这一天就会搞祭奠活动，祭奠之时也会把这部宋刻本拿出来，但翁方纲祭奠的目的是为了纪念苏东坡，并不是因为书本身。

专为书而进行祭奠者，黄丕烈是第一个。沈士元在《祭书图说》中称：

> 夫祭之为典，巨且博矣！世传贾岛于岁终举一年所得诗祭之，未闻有祭书者。祭者，自绍甫始。

看来，早在唐代的贾岛曾经有过祭诗之举，但贾岛祭奠的是自己的作品，而黄丕烈举办的祭书活动则不同，他是在每年的除夕邀请一帮朋友，而后拿出自己的一些好书来共同欣赏，同时进行作诗唱和，这样的风雅而今已成绝响。

平江华府酒店的沈总在聊天时告诉我，近两年苏州也在举办晒书活动，但我觉得这个活动若放在黄丕烈故居内举行才更有意义，于是我跟沈总提出可否在一个合适的时机，在黄丕烈生日的那一天，在其藏书楼内举办祭书会，以此来接续黄丕烈所发明的这种风雅传统。沈总对我的提议大为赞同，她命我去联络相关的朋友，以便恢复这个有意义的活动。

黄丕烈对后世的影响，更多是他的藏书观念，比如他把宋刻本看得特别重要，他认为："凡古书，翻刻不如原刻，明刻不如宋刻。"(《〈战国策〉跋》)为此，他被人目之为"佞宋"，因为他强调："可见书以最先者为佳，真确论也。"(《〈孙可之文集〉跋》)

其实这仅是他藏书观的一个方面，他也并不认为所有的宋本都是好书，比如他认为有些明刻本不一定比宋元本差，他在明刻本《栟榈集》跋语中称："书有不必宋元旧刻而亦足珍者，此种是也。向以书必刻本为胜，观此益信，勿谓明刻不足重也。"

对于明刻本，黄丕烈最重明初黑口本以及明铜活字本，他在《〈开元天宝遗事〉跋》中这样说：

> 古书自宋元版刻而外，最可信者，莫如铜版活字。盖所据皆旧本，刻亦在先也。诸书中有会通馆、兰雪堂、锡山安氏等名目，皆活字本也。

除此之外，他还认为旧抄本最为重要，他在《〈李群玉诗集〉跋》中说：

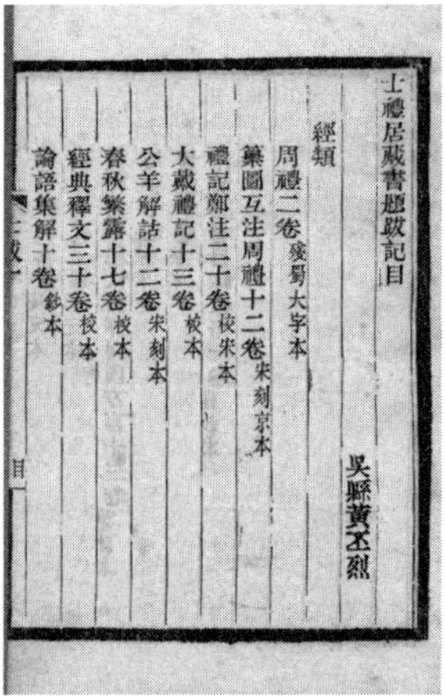

士禮居藏書題跋記目

吳縣黃丕烈

經類

周禮二卷 殘蜀大字本

纂圖互注周禮十二卷 宋刻京本

禮記鄭注二十卷 校宋本

大戴禮記十三卷 校本

公羊解詁十二卷 宋刻本

春秋繁露十七卷 校本

經典釋文三十卷 校本

論語集解十卷 鈔本

黄丕烈撰《士礼居藏书题跋记》六卷，清光绪八年跋吴县潘氏刻本

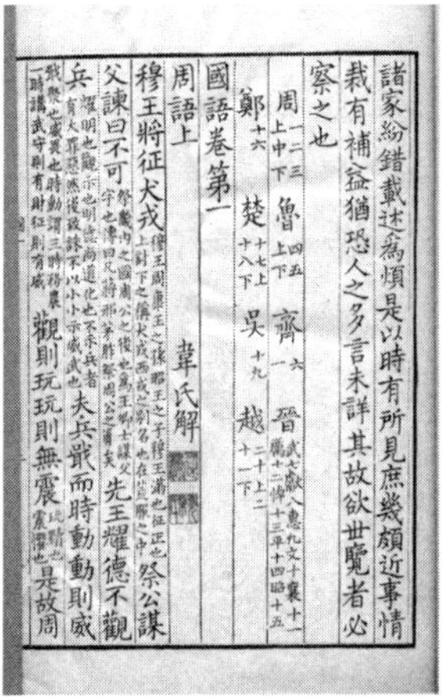

諸家紛錯載述爲煩是以時有所見庶幾頗近事情裁有補益猶恐人之多言未詳其故欲世覽者必察之也

周 魯 齊 晉 鄭 楚 吳 越

國語卷第一 韋氏解

周語上

穆王將征犬戎祭公謀父諫曰不可先王耀德不觀兵夫兵戢而時動動則威觀則玩玩則無震是故周

《国语》二十一卷，清嘉庆五年黄氏读未见书斋刻本

大凡书籍，安得尽有宋刻而读之？无宋刻，则旧抄贵矣！旧抄而出自名家所藏，则尤贵矣！

黄丕烈有很多的藏书观念都得到了后世的遵奉，而这也正是他在藏书史上有着重要地位的主要原因。他能买到那么多的好书，这跟他家的经济实力当然有很大的关系。然而自从失火之后，黄家渐渐地衰落了下来，黄丕烈的藏书也只能靠以书养书的方式，边买边卖，而他的这个举措遭到了后世的诟病。

其实古书本来就是商品，有卖才有买，他的这些行为也没什么可指摘之处，并且黄丕烈本人也从不认为他的买书卖书有什么不好，因为他把这些过程全部写入了书跋之中，他甚至将买卖的价格也一并写入，如果他认为这是不光彩之事，也就不可能这么做。而我们今天读到他所写的书跋，能够清晰地感受到黄丕烈对古书有着怎样强烈的感情。

虽然如此，黄丕烈也有着自己的精明，比如他在宋刻本《〈历代纪年〉跋》中写道：

> 初，书友以是书求售，亦知其为宋刻，需值二十金。余曰："此书诚哉宋刻，且系钱遵王所藏，然残缺污损，究为瑜不掩瑕，以青蚨四金易之可乎？"书友亦以余言为不谬，遂交易而退。

黄丕烈讨价还价的本领实在令我佩服。对方开价二十两，他居然能还到四两，竟然还能成交，于今而言，这几乎是不可能的事情，在旧书店内能够打七折已经是烧高香了。但也正是如此，才使得黄丕烈得到了更多的古书，而后他通过对古书的研究及收藏，最终成为中国古代首屈一指的大藏书家。

但不知为什么，洪亮吉对黄丕烈的评价却不那么高，洪在《北江诗话》一书中把藏书家分为了五等，而把黄丕烈放在第四等：

> 次则第求精椠，独嗜宋刻，作者之旨意纵未尽窥，而刻书之年月最所深悉，是谓赏鉴家，如吴门之黄主事丕烈、乌镇鲍处士廷博诸人是也。

洪亮吉称，这“第四等”可以称之为赏鉴家，而赏鉴家就爱宋版，但是他们并没有真正对书的内容做深入研究。显然这种说法有贬斥之嫌。洪为什么如此贬抑黄呢，后世有着不同的解读。其实他们两人还是不错的朋友，嘉庆四年八月，洪亮吉因为批评朝政而被流放伊犁，第二年四月遇赦还家，有一度住在了苏州虎丘附近，黄丕烈还专门去探望他，此后的几年，二人还有着诗词唱和等交往。

既然如此，洪亮吉为什么这样评价黄丕烈呢？姚伯岳认为，洪亮吉并无贬斥之意，这只是一种说法，其实从历史记录来看，黄丕烈所有的绝不仅仅是书皮子学问，他对很多古籍内容都有着深入的研究，只是他把更多的精力放在了研究书的形式方面，正如王芑孙在《黄荛圃陶陶室记》中所言：

荛圃非惟好之，实能读之，于其版本之后先，篇第之多寡，音训之异同，字画之增损，及其授受源流，翻摹本末，下至行幅之疏密广狭，装缀之精粗敝好，莫不心营目识，条分缕析。

古代流传后世的书籍，各有专家在内容上进行深入探讨与研究，而黄丕烈专在版本方面下功夫，这正是他的独特价值所在，绝不能认为研究版本的人就比研究内容者要低。但洪亮吉的这种五分法对后世影响太大了，以至于后来的学者多对黄丕烈有所批评。

1938 年，余嘉锡在给傅增湘《藏园群书题记》一书的序言中，对黄丕烈做了这样的评价：

如黄荛圃者，尤以佞宋沾沾自喜，群推为藏书大家，而其所作题跋，第侈陈所得宋、元本楮墨之精、装潢之美、索价几何、酬值几许、费银几两、钱几缗。言之津津，若有余味，颇类卖绢牙郎。至于此书何为而作？板本之可资考证者安在？文字之可供雠校者谓何？则不能知也。故其所谓《荛圃藏书题识》者，仅可以考“百宋一廛”散出之书，于学子实无所益。岂惟远逊晁、陈，即持较《通志艺文略》《国史经籍志》之杂抄书目者，亦尚不及也。

看来，余嘉锡对黄丕烈的跋语很不以为然，认为黄只是看重宋元本，还喜欢把书价写入跋语之中，这些记载对版本考证有什么价值呢？其实换一个角度来说，黄丕烈的这种行为也正是其价值所在：历史上那么多写书跋的人，而在黄丕烈之前，极少有人会把这些琐事记录在书跋之中，如果不是黄丕烈的这些记载，这么多有关古籍的细节信息将不可能被后世了解。好在有那么多的黄跋存世，而他所书跋语又如此受到后世的看重，仅凭这个事实，就足以说明，黄丕烈所做出的这些特殊贡献受到了后世的高度肯定。

当天晚上，我在黄丕烈的书楼之内见到了卜若愚、马骥、李军等多位朋友，我们在这里高谈阔论，畅想着书业的美好未来，大家纷纷响应我的提议，那就是一定要在这里举办祭书活动。说到兴奋之处，马骥兄竟然唱了一曲京剧，把聚会“推向了高潮”，而众人期待着在高潮之后还有高潮，要把这种风雅接续起来再延续下去，让更多的人感受到：藏书、爱书是何等的美妙！

吴骞：
吾有千元十驾，
堪比百宋一廛

吴骞(1733—1813)

吴骞是跟黄丕烈齐名的大藏书家。黄丕烈给自己的藏书楼起了一个著名的堂号，那就是“百宋一廛”。这个堂号的意思是说，自己的某间屋子内藏着一百部宋版书。这个数量放在今天是天方夜谭，即使是在清代中期，也是个不容易达到的高标准。黄丕烈起这么个堂号是什么心理，我不好揣测，但他的这个炫耀却实实在在引来了打擂者，这位要跟荛圃先生一较高下的人物就是吴骞。

吴骞的攻擂方式有些剑走偏锋。按理说，你老黄弄了一百部宋版到处跟人嘚瑟，那我弄二百部把你比下去，这才是一种正能量。而吴骞不这么干，他可能觉得这种比法太傻太天真，于是另起一路，决定用数量众多的元刻本去跟黄丕烈做个比试，他也给自己起了个相应的堂号，名字叫“千元十驾”。关于这个堂号有不同的解释，《东湖丛记》上有这样一段记载：“黄

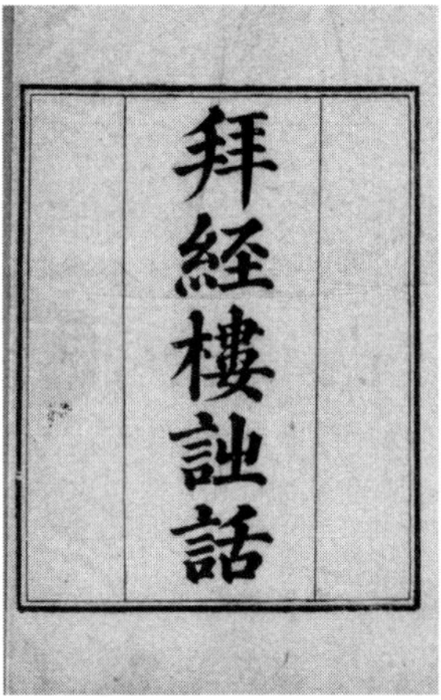

拜經樓詩話

吴骞撰《拜经楼诗话》书牌

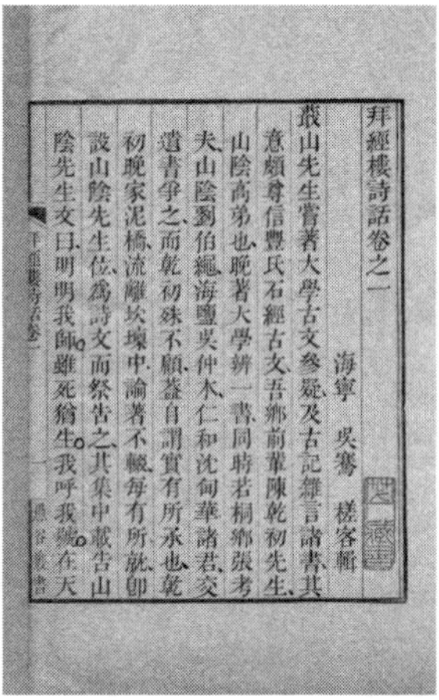

拜經樓詩話卷之一
海寧　吴騫　槎客輯
蕺山先生嘗著大學古文參疑及古記雜言諸書其
意頗尊信豐氏石經古文吾鄉前輩陳乾初先生
山陰高弟也晚著大學辨一書同時若桐鄉張考
夫山陰劉伯繩海鹽吴仲木仁和沈甸華諸君交
遺書爭之而乾初殊不顧蓋自謂實有所承也乾
初晚家泥橋流離坎壈中論著不輟每有所就卽
設山陰先生位爲詩文而祭告之其集中載告山
陰先生文曰明明我師雖死猶生我呼我號在天

吴骞撰《拜经楼诗话》卷首

荛圃主政百宋一廛，吴兔床明经以千元十架相敌，故老风流，犹令闻者色飞眉舞。”这段话中将“驾”字写为了“架”，如果按照这个“架”字来解释，那吴骞这个堂号的含义则为一千部元版装在了十个书架里，但显然这个解释有些望文生义，叶昌炽在《藏书纪事诗》里专门做了如下的更正：

> 昌炽案：拜经十架，诸家所记皆作插架之架，独荛圃《席上辅谈跋》云：“余藏书所曰百宋一廛，

海昌吴槎客闻之，即自题其居曰千元十驾，谓千部元板，遂及百部之宋板，如驽马十驾耳。潜研老人《十驾斋养新录》即此十驾之意。”其字作驾，且从而为之辞，荛翁同时同好，不知何以传闻异词也。

吴骞的这个玩法很有意思，他把谦虚和骄傲结合成了一个堂号，一千部元版拿来跟一百部宋版进行较量，这么核算下来，等于是十部元版抵一部宋版，这种抵法是不是合理，还真不好准确计量。乾嘉间的书价是否这样一个比例，我没考证过，就近二十多年的情况来说，如果同本数、同珍罕程度、同品相的宋版与元版，似乎没这么大的差价，这样反推起来，那吴骞的千部元版绝对超得过黄丕烈的百部宋版。

有人来攻擂了，按理说，荛圃先生听到这个消息后，精神应当紧张起来，但从历史留下来的资料看，他似乎还很高兴。荛圃先生为此事专门写了一首诗寄给了吴骞：

千元百宋竞相夸，引得吴人道是娃。
我为嗜奇荒产业，君因勤学耗年华。
良朋隔世亡双璧，异地同心有几家。

真个苏杭闻见广，艺林佳话遍天涯。

这首诗在爱书人中，当然是耳熟能详。其实我一直没有理解这首诗里的“娃”字，后来看到了原诗，才知道荛圃在诗中还有小注：“谓好曰娃。”原来“娃”就是“好”的意思。之后我又读到过几篇黄丕烈的诗，他对这个“娃”字有偏好，至少还有两首诗中都用到了这个字。

从这首诗中，我能感觉到荛圃写诗时的愉悦心情，他对吴骞的叫板大感高兴，认为这是“艺林佳话”，用时下的话来说叫良性竞争，这样的书友关系真让我羡慕不已。黄丕烈跟吴骞有很多的交往，他对吴骞的版本眼力也很佩服，曾经说过这样的话：

> 海宁吴槎客先生藏书甚富，考核尤精，每过吴郡，必承枉访，出一二古书相质，然舣舟匆匆，未及畅谈，余亦不获举所藏以邀鉴赏也。顷同仲鱼过访，茶话片时，历历述古书源流，俾得闻所未闻，实为忻幸。

“槎客”乃是吴骞的号，荛圃说他不但藏书量大，并且考订也很精专，因此他愿意交这样的朋友。那个时候，荛圃的另外两位书友——顾之逵和袁廷梼已经过世，这就是上面他写的那首诗中所说的“良朋隔世亡双璧”。好友的故去让荛圃多了几分寂寞，而这时候认识了吴骞这个爱书人，这让他大为高兴。荛圃还写过一首《岁暮怀人》，此诗中有一句“异地能同好，一州得两人”，这里的“两人”指的就是吴骞和陈鳣，而陈鳣也同样是一位著名的大藏书家。黄丕烈失去了两位书友，而在外地又得到了两位，这也正是他高兴的原因吧。因此，荛圃得知吴骞搞起了“千元十驾”，于是逢人就解释吴骞堂号的来由：“余藏书所曰‘百宋一廛’，海昌吴槎客闻之，即自题其居曰‘千元十驾’，谓千部元板，遂及百部之宋板，如驽马十驾耳。潜研老人《十驾斋养新录》即此十驾之义。”蒋光煦这样评价这段故事：“故老风流，犹令闻者色飞眉舞。”

上面提到的陈鳣，跟吴骞的交往似乎比跟黄丕烈还要多。其实吴骞的堂号是拜经楼，为此陈鳣在《愚古文存》序中对拜经楼有这样的描述：

> 吴骞筑拜经楼，聚书数十万卷。丹黄甲乙，排列几筵，又有图绘、碑铭、鼎彝、剑戟、币布、圭璧、印章之属，丹漆、象犀、竹木之器充牣其中，皆辨其名物制度，稽其时代款识，著作谱录。

除此之外，陈鳣还专门写过一首歌颂拜经楼的诗：“人生不用觅封侯，但问奇书且校雠。却羡溪南吴季子，百城高拥拜经楼。”在这里，陈鳣对吴骞很是夸奖，他说拜经楼里藏书量有数十万卷，并且还有那么多珍玩。这数十万卷的藏书量可谓巨大，然而对于这一点，吴骞倒显得很是诚恳谦虚：

> 吾家先世颇乏藏书，余生平酷嗜典籍，几寝馈以之。自束发迄乎衰老，置得书万本，性复喜厚帙，计不下四五万卷。分归大、二两房者不在此数。皆节衣缩食，竭平生之精力而致之者也。非特装潢端整，且多以善本校勘，丹黄精审，非世俗藏书可比。

他仅说自己的藏书有四五万卷，这跟“数十万卷”差别有些大，而吴骞说这句话的时候已经六十岁，虽然他活过了八十岁，但他的藏书量按惯常的推论来说，不太可能在他六十岁之后还会有几倍的增长量。其实说吴骞谦虚也不尽然，比如上面说的那段话中的最后一句，他还是对自己的藏书颇为自矜。

吴骞的日记珍藏于上海图书馆，沈津先生曾经写过一篇文章叫《吴兔床的几种稿本》，“兔床”也同样是

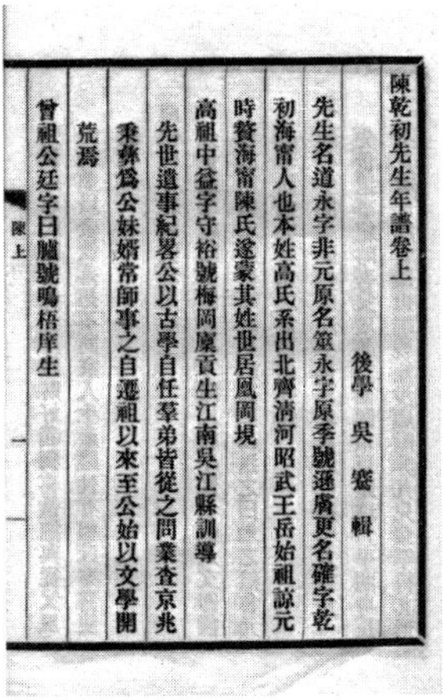

陳乾初先生年譜卷上

後學 吳騫 輯

先生名道永字非元原名箽永字原季號遜廣更名確字乾初海甯人也本姓高氏系出北齊清河昭武王岳始祖諒元時贅海甯陳氏遂蒙其姓世居鳳岡堧

高祖中溢字守裕號梅岡廩貢生江南吳江縣訓導

先世遺事紀畧公以古學自任羣弟皆從之問業查京兆秉彝爲公妹婿常師事之自遷祖以來至公始以文學開荒焉

曾祖公廷字曰臚號鳴梧庠生

陳 上

吴骞撰《陈乾初先生年谱》雪堂丛书刻本

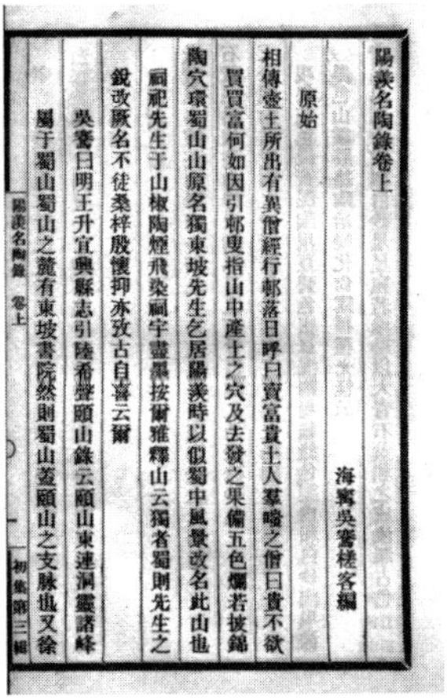

陽羨名陶錄卷上

海甯吳騫槎客編

原始

相傳壺土所出有異僧經行鄉落日呼曰賣富貴土人羣嗤之僧曰貴不欲買買富何如因引鄉叟指山中產土之穴及去發之果備五色爛若披錦

陶穴環蜀山山原名獨東坡先生乞居陽羨時以似蜀中風景改名此山也祠祀先生于山椒陶煙飛染祠宇盡黑按爾雅釋山云獨者蜀則先生之銳改厥名不徒桑梓殷懷抑亦考古自審云爾

吳騫曰明王升宜興縣志引陸希聲頤山錄云顧山東連洞靈諸峰屬于蜀山蜀山之麓有東坡書院然則蜀山蓋顧山之支脈也又徐

陽羨名陶錄 卷上 初集第三輯

吴骞撰《阳羡名陶录》美术丛书初集本

吴骞的号。沈先生对吴骞很是推崇，他这篇文章的第一句话就是：“我以为乾嘉间的几位重要藏书家中，如以‘德高望重’来衡量的话，那是非吴骞吴兔床莫属的。至于黄丕烈、陈鳣、顾广圻等人，即使那么著名，也不会送这顶‘帽子’的。黄陈顾对吴尊重有加，这在他们的题跋诗文中时有所见，当是无可置疑的。”沈先生为什么这么高看吴骞，他在文章中没有展开说明。

对于吴骞的身世，记载的资料不多，我曾看过一篇文章中有这样评价吴骞的话：“吴骞拜经楼之所以名倾一方，则完全是靠他本人以一介穷书生之身辛勤搜讨的结果。”然我对这种贫苦大众的出身颇感怀疑。当年吴骞有自己专门的访书船，船名起得很响亮，叫“细雨东风舟”，我总把这几个字念错，念成“冲锋舟”，有点儿诺曼底登陆的意味。而他的好友陈鳣的访书船名就雅致了很多，叫“津逮舫”。他们两人经常划着船到处去访书，黄丕烈有时也乘他们的船在一起玩赏，这个画面是何等的惬意。但这种惬意需要银两做底蕴，怎么可能如上所说，一个穷书生驾着船到处去收元版。

后来，我读到了目录版本学家严佐之先生的大作《近三百年古籍目录举要》，其中一篇《拜经楼藏书题跋记》中有这样的话：

> 吴骞祖籍安徽休宁，世代经商，家饶资财，并不失诗礼之习，是典型的徽州儒商。明天启间，吴氏流寓海宁，是海宁盐业的开创者。及至骞时，家道中落，已无雄财。

由此可知，吴骞祖上本就是大财主，并且吴家还是海宁盐业的创始人，但严先生说，到了吴骞这一辈，家道已经衰落下来。那既然衰落了，为何还有那么多钱买书呢？看来只能用“瘦死的骆驼比马大”这句俗语来解释了。

其实我对吴骞还有疑问，因为《拜经楼藏书题跋记》是吴骞的儿子吴寿旸所编辑的，从理论上推，此书中应当包括了拜经楼中最精华的部分，然而该《记》中却仅著录了宋本二十一部，元刻本也仅二十四部，这跟他所号称的“千元”差得太远，这是什么原因，让我很感困惑。古人喜欢将数字夸大为一个整数，比如曹操赤壁之战时，号称手下强兵有八十万，而实际上仅二十多万人，这样差了几倍的数字被后人嘲笑了一千多年，但即使如此，也比吴骞的二十多部跟千部之差要好很多。然而转念细想，吴骞已经算是清代中期一流的大藏书家，他应该不会只有二十多部元版就用千部来吓唬黄丕烈，搞得黄丕烈兴冲冲地一番题咏，看来拜经楼的藏书另外有隐情是我所不曾了解到的。

汪士钟：宋版收藏之最，黄跋由其而贵

汪士钟(1786—?)

清代中期，苏州地区的藏书风气最盛，基本上就是中国的藏书中心，当时出现了上百位著名的藏书家，其中有四位成就最高且名气最大者，就是被称为“藏书四友”的黄丕烈、周锡瓒、袁廷梼和顾之逵。然而，这藏书四大家所藏的精品，最终全部汇到了一个人的手中，这个人就是汪士钟。

我的这个说法并不夸张，同样是苏州大藏书家的潘祖荫，在给《艺芸书舍宋元本书目》的跋语中写道：

> 吾郡藏书家，自康雍之间碧凤坊顾氏、赐书楼蒋氏后，嘉庆时以黄荛圃百宋一廛、周锡瓒香严书屋、袁寿阶五砚楼、顾抱冲小读书堆为最，所谓四藏书家也。后尽归汪阆源观察士钟。

你看，潘祖荫比我说的还要绝对，他用了“尽归”

二字，那意思是说，这四大家的藏书不论普善，全部都到了艺芸书舍。

这四大家的藏书到了艺芸书舍之后，会是怎样的一个结果呢？我讲出一些数据，您就理解了。汪士钟藏有宋版三百一十九种、元版一百五十四种，我在这里用“种”，而为什么不用“部”呢？因为有的书有副本。汪士钟的这个成就是否前无古人，我不好说，因为在宋代，每一本书，最次也是宋版，用宋人的眼光来看汪士钟，那当然什么也不算。但到了清代，这个成就那就了不得，于是郑伟章先生评价说：

> 黄氏藏宋本近二百部，颜藏书处为百宋一廛，陆心源藏二百部，颜藏书处为皕宋楼。汪氏达三百余部，可谓为有清之冠，“海内未能或之先”非虚誉。

郑先生在这里下了个断语，他说艺芸书舍所藏的宋版为“有清之冠”，在汪士钟之后，直到今天，再没有人打破他所创造的这个纪录。因此说，汪士钟是清代第一大藏书家，这句断语应该没有问题。

汪士钟哪里来的这么大势力，能把藏书四大家的藏品全部囊括？这源于他父亲的经商所得。汪士钟的父亲名叫汪文琛，他在康熙年间从徽州来到了苏州，在城西阊门买下了一个店铺，在此经营棉布生意，他给自己的商店起名为“益美”。那个时候仅在阊门一带的布店，就有百十余家，而汪文琛是新开的店，既无名气，也没有固定的老客户，刚开始的生意肯定好不了。但是，汪文琛很有经济头脑，他想出一个妙招，这个妙招记录于许仲元的《三异笔谈》：

> 新安汪氏设益美字号于吴阊，巧为居奇，密嘱衣工，有以本号机头缴者，给银二分。缝人贪得小利，遂群誉布美，用者竞市，计一年棉布约以百万匹，论匹赢得百文，如派机头多二万两，而增息二十万贯矣。十年富甲诸商，而布更遍行天下。

这段记载很有趣，因为卖布者打交道最多的就是裁缝，汪文琛就秘密地跟苏州的很多裁缝商谈，说只要拿来布匹上“益美”的商标，一个给二分银子。这些裁缝为了多得赏金，于是就跟来做衣服的客户们大赞“益美”布料质量佳、花色好，这就迅速使得“益美”布料的名气在苏州地区传播开来，一年之内，就卖了上百万匹。虽然回收自己的商标就花了两万多两

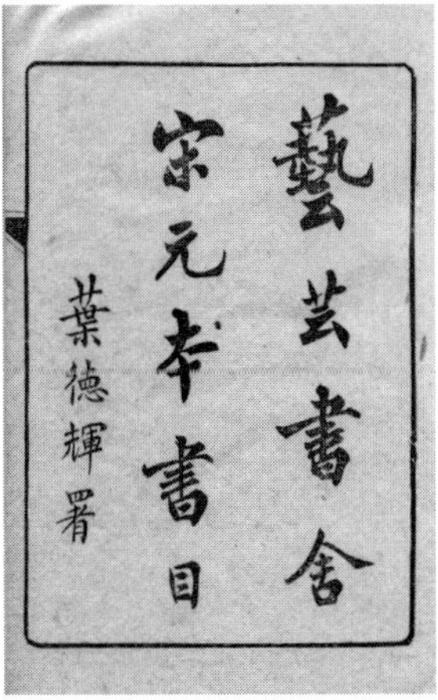
藝芸書舍
宋元本書目
葉德輝署

《艺芸书舍宋元本书目》书牌

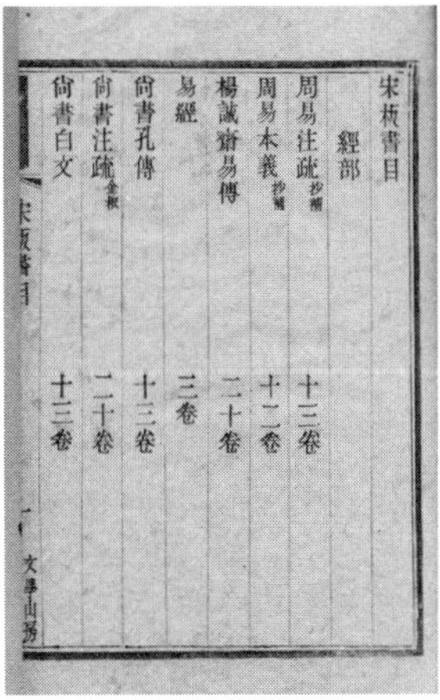
宋板書目
經部
周易注疏 十三卷
周易本義 十二卷
楊誠齋易傳 二十卷
易經 三卷
尙書孔傳 十三卷
尙書注疏 二十卷
尙書白文 十三卷

《艺芸书舍宋元本书目》卷首

银子，但同样，销售量也变得十分巨大。十年时间内，汪文琛就成了当地最大的布料商。这种方式真是绝妙，他让这些裁缝们做自己商号的广告宣传员，等于是行家的推举。

说来说去，做生意的是汪士钟的父亲而不是他本人，那他本人是否对卖布有兴趣呢？我查到了两条相反的史料，有人说他继承父业，把“益美”布店开得更加出色，也有人说他因为喜欢文献，没心思做生意。究竟实况如何，我也难知其详。我关心的是，汪士钟只是有钱任性，还是真的对版本有讲究？顾千里先生有这样的评价：

> 汪君阆源藏书甚富，……宿具神解，凡于有版以来官私刊刻，支流派别，心开目了，遇则能名。而又嗜好所至，专一在兹。仰取俯拾，兼收并蓄，挥斥多金，曾靡厌倦，以故郡中传流有名秘籍，搜求略遍。远地闻风挟册趋门，朝夕相继。如是累稔，遂获目中所列宋若干种，元若干种，既精且博，希有大观。海内好古敏求之士，未能或之先也。

顾千里是眼光如炬的校勘大家，对版本绝对内行，他能说汪士钟对版本有眼光，即使减掉一些夸奖的成分，也足可以说明，汪士钟买书并不是胡乱花钱，他确实有自己的判断力。关于这一点，黄丕烈也有同样的评价：

> 阆源观察英年力学，读其尊甫都转厚斋先生所藏四部之书，以为犹是寻常习见之本，必广搜宋元旧刻以及四库未经采辑者。于是，厚价收书，不一二年，藏弃日富，犹恐见闻未逮，日从

事于诸家簿录，讨其源流，究其同异，俾古书面目毕罗于胸。

其实，汪士钟对黄丕烈的贡献更大，就名气而言，清代的藏书家在今人眼中，应该没有超过黄丕烈者。客观来说，黄丕烈就是位爱书人。他在事业上，没有打下一片天地；在工作上，也未曾做到当朝一品；在学术贡献上，更没有成为某个学科的开山鼻祖。然而他在藏书界，或者叫古文献界的名气，却超过了所有的人，这其中的原因虽然有很多，但最为要者，是他给古书所写的跋语。在黄丕烈之前，书跋基本上是学术考证及其勘误或者备案，或者叫校勘记，虽然在他之前的钱遵王也会把一些得书过程写入书跋中，但将此推而广之应用起来的人，却是黄丕烈。

黄丕烈把买书的过程、心情以及背后的故事一一写入书跋中，这种写法并不为时人所接受，尤其有些学者，对此提出了批评。任何一件事物的产生初期，都会面临这种情况，因为它打破了人们的习惯，而那第一位能够独具眼光、打破人们思维定式的人，则是很难得的聪明人。黄丕烈的书跋之所以引起后世的广泛重视，跟汪士钟的大力提倡有很大的关联。虽然黄丕烈所藏的精品几乎全在汪士钟手中，但是他仍不以此为满足，只要看到某书上有黄丕烈的跋语，他一定将其买下，而不太计较价格的高低。周星诒在《自题行箧书目》中写道：

> 复翁以百宋一廛诸刻本售与山塘益美布商汪阆源，虽残帙十数页，亦有至十数金者。阆源购书，有复翁跋，虽一行数字亦必重价收之。以故吴中书贾于旧刻旧抄虽仅一二卷，倘有复翁藏印，索价必倍。若题识数行，价辄至十数金矣。即至残破签题，毁损跋语，亦可售一二金。至今犹然，盖自汪氏始也。

汪士钟买黄跋本，并不是只要善本，包括残本和零本，只要上面有黄丕烈的字迹，他就花高价收购，有的上面仅有一行字，他也同样将其买下。汪士钟为什么这么做？我没有找到相关的文字资料，但我觉得他是将父亲买商标的方式应用到了购书上，因为自此之后，黄跋本的价格一路高涨，一直涨到了今天，而今随便一部黄跋本，都是几百万的价格。在汪士钟之后，有不少的藏书家都以收藏了多少黄跋本为标榜，后来这种风气愈演愈烈，以至于如果某人喜欢藏古书，若手中没有几部黄跋本，简直不敢跟别人说自己是藏书家。这件事的始作俑者，就是汪士钟。用今天的话来说，汪士钟应当是黄丕烈的第一大粉丝。

史料记载汪士钟家确实很有钱，但是汪家人却懂得仗义疏财，汪文琛曾经拿出一部分资金开设汪氏义庄，以此来救助无依无靠的穷苦人。当时的穷人家婚丧嫁娶，也可从义庄得到些资助。为了能够将这件事长久地办下去，汪氏义庄曾买了一千零六十八亩田地，用这些田地所收的租子来支撑义庄的正常运营。而汪氏义庄的界石据说就在山塘街的某处，然而我两次寻找，都未能找到，如此想来，当年汪士钟的故居也应当很是庞大。

艺芸书舍旧藏到了太平天国的时候，大多就失散了。清朝《野史大观》上说，太平军攻城的时候，汪士钟"合家离散，宋元本悉为邻家携去，汪氏子孙只知贾不知书"。关于艺芸书舍散失的情况，潘祖荫也有这样的说法："咸丰庚申以前，其书已散失。经史佳本，往往为杨致堂丈所得。兵燹以后，遂一本不存。"潘祖荫跟汪士钟家有亲戚关系，汪士钟的儿媳就是潘祖荫的姑母，因此，潘之所言应当是一种实况。

艺芸书舍旧藏散出之后，分别归了几位大藏书家，其中海源阁的杨以增得到不少，瞿镛的铁琴铜剑楼和郁松年的宜稼堂也得到了一些，而这些书后来又几经

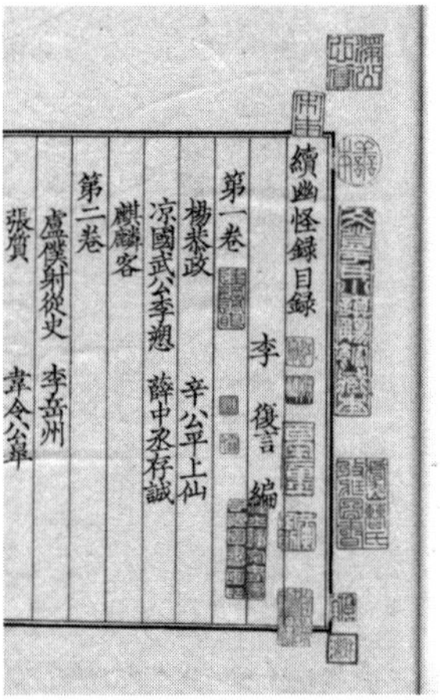
續幽怪錄目錄　李復言　編
第一卷
楊恭政　辛公平上仙
凉國武公李愬　薛中丞存誠
麒麟客
第二卷
盧僕射從史　李岳州
張質　韋令公皐

汪士钟旧藏影抄本《续幽怪录》

庚寅重刊
宋本儀禮疏
藝芸書舍藏板

艺芸书舍影刻宋本《仪礼》单疏本牌记

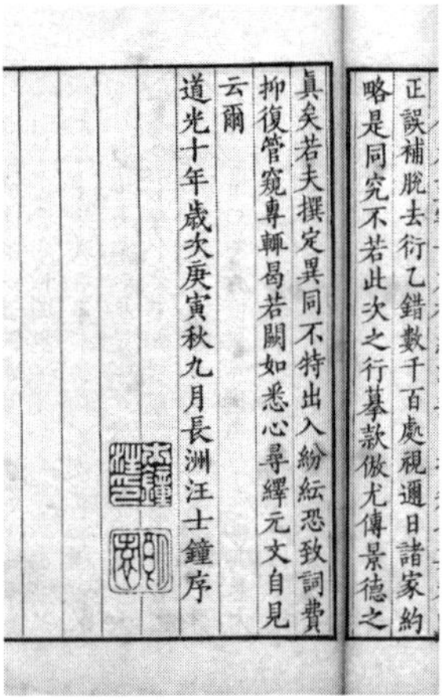
正誤補脫去衍乙錯數千百處視通日諸家約
略是同究不若此次之行摹款倣尤傳景德之
眞矣若夫撰定異同不特出入紛紜恐致詞費
抑復管窺專輒曷若闕如悉心尋繹元文自見
云爾
道光十年歲次庚寅秋九月長洲汪士鐘序

《仪礼疏》汪士钟序言

递传，分到了不同藏家的手中。在这方面，我运气很差，汪士钟旧藏的宋元版，一种也没到我的手中。几年前，中国书店上拍了一册艺芸书舍的影抄本，因为仅余两本残册，我犹豫了一下，还是没将它买下，而今那两册影抄之书，也不知落到了谁的手中。前几年，曹大铁旧藏之书出现在拍场上，其中有一部影抄本，名叫《续幽怪录》，上面也描润下来汪士钟的藏印，如此说来，该书的底本也曾是艺芸书舍的旧藏之物，于是我把它买了下来，也算我跟汪士钟的一点间接关系。汪士钟所藏和所刻之书我还得到了几部，其中名气最大的，当然是那部《仪礼》单疏本。这虽然仅是部道光刻本，但却很受后世学者和藏书家关注，早在民国年间就已经成为文物性善本。

陈介祺：金石藏家之冠，传古之功永存

陈介祺（1813—1884）

陈介祺首先是位金石大家，郑伟章先生所著《文献家通考》中引用了支伟成所撰《陈介祺传》中的评语：

> 素嗜金石之学，收藏甲海内，筑簠斋以珍弆之。凡彝器至数百件，尤著者为毛公鼎，文几七百余字，推天下金器之冠，三代陶器亦数百件；周印百数十事；汉魏印万余；秦诏版十余；魏造像数百区，从来赏鉴家所未有也。同时若潘文勤公、王文敏公、吴子苾阁学、清卿中丞、刘燕庭方伯、鲍子年舍人、李竹朋太守，并皆不足方驾。

而关于陈介祺的藏书情况，郑先生接着写道：

> 藏书亦精。自清初冯文昌起，历经十数人递

现藏于台北故宫博物院的毛公鼎

毛公鼎铭文

藏之宋本《金石录》十卷，亦曾经其家递藏。潘氏《滂喜斋藏书记》卷一《金石录》跋录其藏印十一枚，亦可谓风雅好事。

十卷残本《金石录》在发现全本之前，堪称藏书界的神物，该书每递传到一家，藏家都会郑重地钤盖特有的藏书印，而这部书亦曾藏在陈介祺的十钟山房之中。以此可见，其藏书质量是何等之高。

但相对而言，陈介祺的主要精力还是用在金石器物收藏方面，正如支伟成所言，迄今为止发现的青铜器中字数最多者乃是毛公鼎，虽然此鼎上的铭文字数不像支伟成说的那么多，然也有四百九十余字，单件器物铭文字数最多的纪录，至今未被打破。而陈介祺所藏青铜器当然不只一件毛公鼎，他藏有商周铜器二百三十五件之多，另有秦汉铜器八十余件，其中散氏盘、虢季子白盘等名器均为稀世珍品。另外，他还藏有商周钟镈十余件，故而他将自己的堂号命名为十钟山房。除此之外，他还藏有秦汉之前印玺七千余钮，为此他的另一个堂号名叫万印楼。余外，他还收藏古钱、陶器、砖瓦、碑碣、造像等，数量同样巨大。

正因为如此，《清史稿》称陈介祺："所藏钟鼎、彝器、金石为近代之冠。"吴云在给吴大澂的信中写

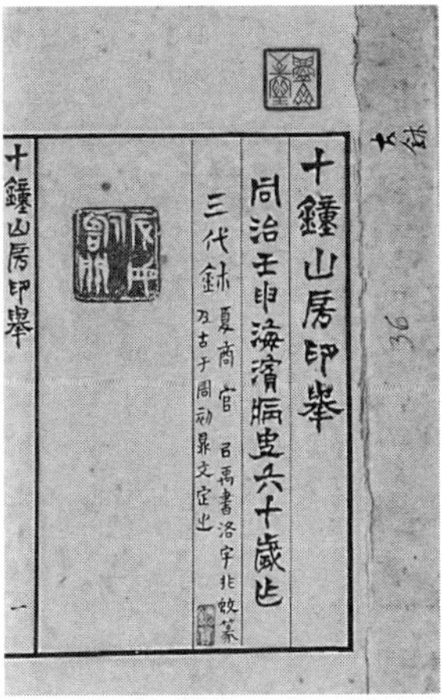

《十钟山房印举》牌记

《十钟山房印举》

道：“当今金石之学定推寿卿，收藏之富，穷绝今古，尚尤孜孜不倦广为搜罗。”

为什么陈介祺能够收藏如此数量巨大的古器物？梁启超认为这是缘于当时的山东有着研究古器物的氛围，他在《近代学风之地理的分布》一文中写道：

> 山左金石学最富，自顾亭林（炎武）来游，力为提倡，厥后黄小松（易）宦斯土，搜剔日广。斯土学者亦笃嗜之，有以名其家者。海丰吴子苾（式芬）、诸城刘燕庭（喜海）、潍县陈簠斋（介祺）、黄县丁彦臣、福山王廉生（懿荣）皆收藏甚富，而考证亦日益精审。故咸同光间金石学度越前古，而山东学者为之魁。

梁启超所论乃是从清代讲起，如果往前追溯的话，北宋赵明诚那部著名的《金石录》也同样跟山东有直接的关系，因为赵明诚就是山东青州人，而陈介祺后来藏有该书，除了在研究上的作用之外，想来也应该有乡贤情结在。余外，宋代的王俅，金代的马定国、党怀英，元代的潘昂霄、申屠致远，明代的李开先、焦竑均是山东籍的金石名家。

如此论起来，山东一地自宋代就有研究古器物的传统。而陈介祺为山东地区自宋代以来藏品最丰富的金石大家，他的鉴别水平同样也得到了学界的肯定。商承祚在《古代彝器伪字研究》中说道：

> 提起笔来写这篇文章之先，我就想到一位老先生，是我生平最佩服的。恐怕不仅是我，凡是研究古文字的人都是一致的。何以呢！因为他的眼光太好了。他一生收藏的铜器等，不下几千件，没有一件是假的。他的论调同批评，不但高出当时同辈等，简直可以说“前无古人，后无来者”。这人是谁！就是山东潍县陈介祺字寿卿号簠斋他老先生。

王献唐在《顾黄书寮日记》中亦称：

> 此老研精金石，对于鉴别、考释、椎拓……无不从潜心阅历中得来。当时如潘伯寅、吴清卿、王廉生、鲍子年、李竹朋、吴平斋等，莫不推挹备至，其得名不虚也。

王献唐于此列举出了当时许多金石大家，比如有潘祖荫、吴大澂、王懿荣、吴云等，他说这些大家均推崇陈介祺收藏与研究器物的成就。

陈介祺字寿卿，号伯潜，乃是山东潍县（今山东潍坊）人，又号簠斋。陈介祺还喜好收藏古代陶器，故又有齐东陶父之号。还因其原籍地处齐国海滨，故其又号海滨病史。

道光十五年，陈介祺考取举人，授中书，并擢为侍读。道光二十五年，陈介祺考中进士，授翰林院编修，之后的八九年间，他一直在翰林院供职。咸丰三年，陈介祺捐巨资资助朝廷镇压太平军，故被赏赐顶戴花翎，加侍讲学士衔。然而陈介祺似乎对做官并没有多大兴趣，咸丰四年，他的母亲在家乡病故，陈介祺返回故里奔丧，自此之后再未出外为官，他把全部精力用在了收藏古器物和研究方面。同治年间，因为他参与保卫潍县县城抵挡太平军的进攻，被加封三品衔。光绪二年，又因其出资救济灾民，被加二品顶戴。

陈介祺对于古器物的爱好始自其年轻之时，他在《十钟山房印举》的自序中称："余自应试始至莱，秋试始至历，见齐鲁三代器汉印即好之。"陈介祺在参加科考时，先去了莱州，后来又去了济南，在这里他看到了一些古器物和汉印，见之则有喜爱之情，可见他对古器物有天生的亲切感。自此之后，他的这个爱好终其一生。而在收藏的过程中，他也在做系统的研究，尤其对古器物上的铭文感兴趣。同治十三年，他给王懿荣的信中写道：

所好所知，止是求一个真，止是要学不厌。通形象，非通古文字不可。通古文字，非多见钟鼎古器文字不可。

看来求真乃是陈介祺的第一追求，他认为研究古文字，最重要的途径就是多看古器物上的铭文。此前他给王懿荣的信中还提及：

今日唯此吉金石天地之藏，祖龙之暴所不能尽发而焚者，可不重乎。释字以多见为第一，考经为第二，证许为第三。有据者断之，无据者则桂氏说文义证案而断之，例为至是。不可徒博，愈引愈远而愈无当也。

因为青铜器质地坚硬，水泡火烧均不能毁之，故而留下来很多古文字，但如何释读这些文字，陈介祺认为首先要多见，然后深入研究，才能更正前人之误。而通过相应的类比，方可找出识别古字的规律，他在同治十一年致吴云的信中讲到了这个观念："释金文须先别古人文字章法、体例、义理、句读，不仅别今古篆之异，及未见字与训诂之证也。"

东汉许慎的《说文解字》乃是后世研究古字的最重要参考书，到了清代，对此书的研究更为深入，由此而诞生了"说文四大家"，这四家中的桂馥与王筠均为山东人，可见山东在古文字研究方面亦有传统。陈介祺通过大量收藏古器物，以这些器物上的铭文来订正《说文解字》之误。他在同治十三年给吴云的信中阐述了自己的观点：

> 许氏收文字之遗以为说，二千年来言字学必宗之，要皆燔后所余，独吉金款识是燔前古文字真面，非许氏可比。自宋迄今，吉金文字之传，迥越前古，有是真古文尚书者，有不可以许书定者。其文与字非多见不能通，是以欲合今日所见拓本，摹刻善本，精摹其文为一书（一器一版，字多者释文别为一版，字少者共一版）。且欲合宋以来金文书（摹刻失真者），附刻为一书，以存古圣之作，而为多见之助。再逐字分编许书各字之前，以立许书之本，而凡汉以来言字学之书，皆分字附焉，以证许氏之意。上窥制作文字之原，下集字学之

大备。则传一己而不能久者，传古人而己亦必传矣。乞是正之，并以质之同志君子。倘有能先我早成之者，正不必己出而尚可乐助。

陈介祺首先肯定了许慎《说文解字》一书的重要价值，但他又提及从宋代以来出土的古器物铭文越来越多，这些文字的历史远在许慎之前，所以他认为通过对铭文的考释，可以补《说文解字》之缺。后来他的朋友吴大澂所撰《说文古籀补》一书正是秉持陈介祺的这种思想，为此陈介祺特意为该书写了序言。

对《说文解字》的看法，同治十一年陈介祺在给鲍康的一封信中也谈及这个问题：

今人论书必推许氏，然许书已非真本，岂能如钟鼎为古文字庐山真面？尝以今世所传金文千余种，合古书帖编增许书，钟鼎之外，为古刀币及三代古印耳。是尝并补许书中岂不可不精摹，而使再少失真，日后又无从仿佛耶？好古家刻书，每患已见之陋而沮，愚谓刻摹精审，则天下后世皆得借吾刻以考证，又何必因噎而便错过失时！惜乎燕翁不明乎此，而徒以玩物毕一生之精力，而一无所传也。

陈介祺认为《说文解字》一书经过历代翻刻，已经难见真面目，而古器物上的铭文方是古字原体，他打算广泛地搜集古器物铭文，从中找出《说文解字》中没有的古字，以此来增补《说文解字》一书。除了钟鼎器之外，古钱币和古印上的一些字也能补《说文解字》之失。但是补充《说文解字》的前提是必须能够十分逼真地摹刻古字的字形，只有这样才能对研究有帮助。而古器物的外形也是研究历史的重要依据，为此，陈介祺发明了分纸全形拓。

关于全形拓的概念，王俊芳在《陈介祺与全形拓》一文中写道：

> 全形拓是一种结合绘稿、剪纸等艺术，以墨拓技法，运用透视、墨色的浓淡变化以及拓技者的线描、褙拓等技法，尽可能完整地把器物原貌转移到平面拓纸上的一种特殊技艺。

而全形拓的拓法有两种，一种是分纸拓，一种是整纸拓。对于前者，该文中写道：

> “分纸拓”法是将器身、器耳、器腹、器足等部位的纹饰、器铭分拓，拓出来的每个部位是相

对独立的一张纸，然后用净毛笔蘸水划撕掉拓片周围的多余白纸，留下墨拓部分；之后，按事先画好图稿相应之需，把拓完的各部分拓片拼粘在一起，形成整个器形图。由于分纸拓所画图稿比较准确，加之用墨的浓淡控制适宜，给观者以所拓器物跃然于纸上的感觉。晚清金石学家、传拓技艺的一代宗师的陈介祺发明并传播了此拓法。

与之相对应者则是整纸拓，按照王俊芳文中所言，其实整纸全形拓乃是在分纸全形拓的基础之上产生的：

该法首先是选择所拓器物的最佳角度，用铅笔在绵连纸上画出一个“⊥”形图，然后以它为基础画出线描图，随后把绵连纸覆在所拓器物上，再后面就是用蘸上白芨水的毛笔刷湿、上纸，用墨拓黑，最后把它揭下。这是在一整张绵连纸上进行的、因此也叫“整纸拓”。这是周希丁等人吸纳了陈介祺的分纸拓之后，将西方传入的透视、素描等技法应用到了全形拓之中的产物。

相比较而言，陈介祺更看重分纸全形拓，他曾自称：“整纸拓者，似巧而俗，不入大雅之赏也。”但陈介祺强调传真的概念却能贯彻始终，因为他觉得即使摹刻古器物，也必须尽量地忠实于原器：“刻精则古人可传，而不失真，而书亦必传。然须自精拓精摹始。”更为重要者则是古器物上的铭文必须制作得一丝不苟，因为只赏外形不赏文字，这就跟收藏珠宝没有区别了。

陈介祺为什么要将自己所藏的器物进行一丝不苟的摹刻和传拓呢？他在信中表达了自己的观念：

> 我辈所述乃为传古人，非为传一己，古人传则己亦必传，是不可不公其心求古人之是者耳。我先为传之正，不必器之在我，为专以拓为贵，以图为备，只标我所及见者，其文与制可传则传之，若考则前人者，尽可多刻，勿惜所费。今人者，则当酌未考者，则先刻图摹字释文，即尺寸斤权铭之所在、所出之地，所藏之家，传之以资博闻者之问学，庶不致因循一己蹈前，此刻书不成之弊。

能够让古代文献得以流传，陈介祺认为这是爱古之人的职责，因为古器有一天可能为他人所有，但是上面的文字若传承下来，则能让更多的研究者利用之。因此他强调传刻古器物要不惜代价，如果资金不足则可先摹刻古器物上的铭文，同时注明出土地、递传之人等，以便给后世留下第一手材料。但是传统的摹刻拓印手段无论如何都难以百分之百地展示古器物的原型，而西方的照相技术却能弥补传统艺术之短。1860年，英国传教士德贞把照相术传入中国，起初中国人认为照相可以吸走人的心血，故对此不接受。经过一段时间，人们慢慢接受了这种新式技术，胡志平在《论陈介祺的传古思想及西洋照相术的使用》一文中称："在同行中，陈介祺较早注意到西洋照相术的使用。"该文又引用了陈介祺给吴大澂信中所言：

> 兹有表弟谭雨飘，名相绅，就在潘世兄蔚署中习得西人照相法，以其法形似而不大雅，故不取，后见其照山水树木得迎面法，于凡画稿皆有神，照碑帖则近雅，而未甚古也。今试令照三代古文字拓及器量图，乃至佳，虽缩小而能不失其真，且似字之在范经铸也，浑朴自然，字虽小而难刻，然上海刻工或能之。器外形象文虽不能甚晰，有拓本相校亦易审。有一图及图拓，虽不见器亦可成书，且可将难得之拓印传之，是法乃为有益于中国艺文之事矣。

看来陈介祺是有条件地吸收照相术的妙处，他认为照片虽然缩小了器物的外形，但比例不失真，然而照片尺幅太小，上面的铭文可能看不清楚，所以他觉得铭文可以用中国传统的拓印之法，而外形则用照片来表现，两者的结合方使古器物得以更为充分的利用。对于陈介祺开明的观念，胡志平在文中评价说："照相术本无人用于金石考据，陈介祺首开先河。"但即便如此，陈介祺也认为照相术有利亦有弊："洋照近大远小，过分分明，亦有弊，形似而神不大雅，究不能全用其法。"故而陈介祺在传拓和装订古器物铭文时依然用着传统的方式，叶昌炽在《语石》第二卷中夸赞说：

> 自潍有陈氏，青齐琬琰，尽出人间，不啻以诗礼发冢，其鉴别之审，装池之雅，纸墨毡蜡之精，剖析毫发，无美不臻，乡里皆传其衣钵。

正是因为陈介祺精益求精的观念，使得不少潍县人学得了传拓技艺。同时陈介祺也跟这些人进行交流，创造出了独特的拓印方式，朱正昌总主编的《齐鲁特色文化丛书·人物》中称："他还总结自己和前人的传拓经验，经过反复摸索，和友人一起独创了'蝉翼拓'的方法，使拓片立体质感强，字口纹络墨饰清晰均匀，

陈介祺也是独树一帜的大书法家

并由此触发创造了施于汉画像石的朱拓，都精致绝伦，令人交口称赞，至今被视为珍品。”

陈介祺为人颇为宽厚，上书中又写道：

潍县胥家庄农民胥伦，聪敏好学，工于手工制作，为生活所迫，曾铸造假印和造像售于陈介祺。陈介祺从中发现了胥伦的才华，不仅没有责怪他，还帮助他共同研讨，创造了拔蜡翻砂仿制青铜器的方法，制器惟妙惟肖，几可乱真。此后，陈介祺又帮助胥伦研制出精致耐用的铜印。这种铜印清晰度高，不易仿制，具有很高的实用价值。它的研制成功，使已经失传的汉代铜印铸造术得以接续。后来，陈介祺推荐胥伦去北京献技，轰动京师，使这项工艺很快驰名全国，至今仍是潍坊的著名工艺产品。

除了青铜器之外，陈介祺也大量收藏古印，秦更年在《婴闇题跋》中为《十钟山房印举》所撰跋语中称：

簠斋藏印之富为近代第一，道咸之交，陈粟园为拓印集十二册，凡印二千数百钮，殿以封泥，纸墨精良，世称妙品。同治末，藏印增至六千有奇，编为《十钟山房印举》八十卷，顾以无人相助，独与其次君九兰排次摸印，终不果成，今所流传率皆残册。嗣高要何伯瑜至潍留居年余，为拓廿许部，即今所称足本也。后此所拓则一印一纸，改作巾箱本，不若何拓之条例秩然矣。

可见，陈介祺收藏古印天下第一，在当时就无异议，只是他所编的《十钟山房印举》因为到其去世时仍未完成，故被他人装订成了不同册数。直至今日，学界依然无法确认究竟多少册的《十钟山房印举》为全本，然而他对古印玺的研究却受后世首肯。

在元代之前，人们认为三代时期无印，元代的吾丘衍在《学古编》中就说过这样的话："多有人依款识式作印，此大不可，盖汉时印文不曾如此，三代时却又无印，学者慎此。"

到明代朱简时，方认识三代时期有印，朱简在《印经》中说："所见出土铜印，璞极小而文极圆劲，有识、有不识者，先秦以上印也……"朱简又在《印章要论》中引用了王世贞所言："朱文印或用杂体篆。按三代未尝无印，朱文不始于唐，汉器岂非款识？杂体何施朱文？此余所不解者。"

进入清代，人们对古玺的研究渐渐深入起来，同治十四年，陈介祺在给吴云的信中说："朱文铜印似六国文字，玉印似六国书法，近两周者。"对于他的这个论断，贺文荣在《从〈十钟山房印举〉的编例看陈介祺对古玺的认识》一文中称：

> 陈介祺是第一次认定古玺文字与六国文字关系的学者。

而对于《十钟山房印举》一书，该文又评价说：

陈介祺的《十钟山房印举》开集众家印谱之先，同时他在《十钟山房印举》中对古玺的分类及整个印谱的编例，在中国印谱史上也可以说是开先例的大手笔。

陈介祺所藏之物在其身后逐渐散出，李勇慧在《民国时期清代山左潍县陈介祺金石学文献流传整理与文献学价值——以山东省立图书馆（山东金石保存所）为例》一文中予以了系统的梳理，该文引用了1918年褚德彝在《簠斋吉金录》跋语中所言：

近闻陈氏所藏古器，半日为驵侩贩卖，输入海舶。

而刘阶平在《陈簠斋先生与毛公鼎》一文中又称：

二十四年夏，余于役北平，得偶遇簠斋后裔陈君善先生，时君善任北平市府秘书。得悉其家藏累年散出，至此已零落殆尽。呜呼，簠斋殁世，至此曾不百年，竟散佚如此！

当年王献唐任山东图书馆馆长兼山东金石保存所

负责人，他特别想将陈介祺珍藏之物收归公有，然而当时的一些山东军阀对此并不重视，因为拨钱太少，令王献唐徒唤奈何。1947年1月，王献唐在南京中央博物院参观毛公鼎后，写了篇《由毛公鼎说到张宗昌韩复榘》一文，此文中称：

> 那时鼎价不过七八万元，我为此事和叶誉虎接洽过，又到天津接洽海源阁书，后派人到北平接洽万印，只要款到手，一切都无问题。谁知这位“青天”的主席韩复榘，和张宗昌一样，仍是一位不懂文献的武夫，始终不肯拨款。拖了多年，硬把他瓜分了，以最大的数目，用作特别费，只赏了省立图书馆五万元。这一来，我的计划完全失败，不但毛公鼎不能买，海源书籍也化归泡影。

但王献唐还是买到了一些陈介祺旧藏之物，比如陈所旧藏的砖瓦石刻和历代钱币等，王献唐花三千元将其收购。陈介祺对带有铭文的陶器也有大量收购，王献唐在《木庵古陶文字》跋中写道：

> 潍邑陈簠斋，以搜聚金石余力，亦喜购藏。

其财力声闻既足以奔走远近，于是临淄之田父野老，日以长袋负陶片之有文字者登门求售，每片仅偿大泉三四枚而已。陈氏收蓄既久，总得一万余片，去其重复者，亦得七千余片，间或拓印行世，世人乃稍稍注意。

对于这些古陶文拓片，李勇慧在文中称：

由于陈氏拓本极少外传，因此“外间流传拓本，类非全豹”。自1930年起，王献唐分三次向陈氏后裔购集，共收得7000余份，装粘为112册，陈介祺所拓陶片文字尽在其中。

陈介祺所藏的古陶文拓片，近些年来偶然还会在市面上出现，而我则买到两册裱本，其所拓之精远超同类。陈介祺做事之认真，的确令人敬佩。除此之外，陈介祺还收藏有秦诏瓦量、古镜等，他对此均制作了相应的拓片，其传古之功，令后世所景仰。

杨守敬：碑帖换古本，东瀛访书归

杨守敬（1839—1915）

杨守敬在藏书界名气很响，这个声誉的得来，跟他在日本的访书有很大关系。因为访书，他还刊刻了一部古籍丛书。这部丛书之美、质量之高，一直被人赞许到了今天。

杨守敬的科考运气不佳。他是举人出身，参加了七次科考都没能考取进士，但正因为如此，他却意外得到了一次出国常驻的机会。他作为日本公使的随员，在日本工作了几年，他的工作业绩几乎没人提及，然而他在收书、刻书方面却博得了大名。

杨守敬的日本访书缘起，跟近代名人黄遵宪有一定关系。当时的黄遵宪在日本使馆做参赞，某天，两人无意间在大街上碰到了，聊天过程中，黄告诉杨，日本的书，市面上有不少中国的古刻本与写本，如果有条件的话，要想办法去收集一些中国失传的古书。听到这番话，杨守敬于是开始到日本的古旧书店去看书。

那个时候，正赶上日本的明治维新，社会上的主流意识，是要向西方学习先进思想和技术。日本受中国传统影响至深，经过反思，日本人认为，这种传统，妨碍了他们的整体进步，于是对中国传统文献几乎是彻底放弃。由此产生的结果，是很多人把历代珍藏的古书全部像清垃圾一样，卖到了古旧书店。货源大量涌现，而买家又迅速减少，致使书市上的中国古书价格一落千丈，而此时杨守敬却开始了他的收书之旅。这样的好运气，羡煞天下爱书人。日本有收藏中国古书的传统，自隋唐开始，日本人整船地从中国买书，再加上日本几乎没有受到过外族占领本土的侵略，使得日本保留下许多中国已经失传的文献。而这些珍藏了千百年的文献，能够大批量出现在书市上，这样的好机会，的确千载难逢，于是杨守敬开始大量购买。然而，杨守敬毕竟只是一位使馆工作人员，收入当然有限，古书再便宜，买书的钱累加到一起，也是个大数目。杨认为，他想要买到更多的古书，必须要想出其他的妙招。

杨守敬爱好书法，他在北京几次参加科举考试的时候，只要有时间，就到琉璃厂去收书和买碑帖。杨守敬买书也是个疯狂的人，他在同治二年第一次到北京参加会试时，竟然从琉璃厂买下了一车的书，科考

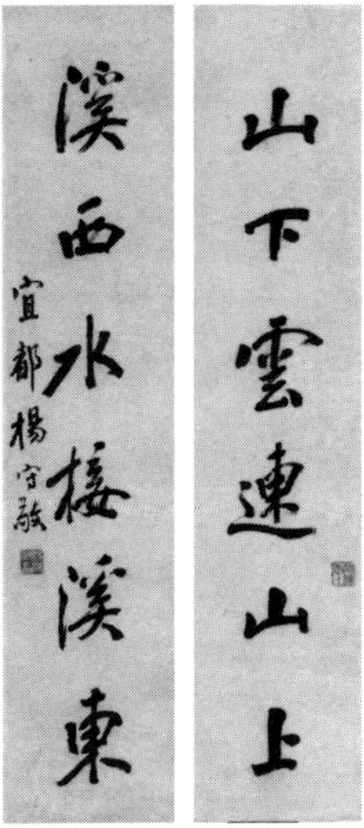

杨守敬的书法

落榜，他准备返回湖北时，则发了愁。那个时代，飞机、高铁当然没有，把这一车书运回湖北，是很艰难的一件事，但杨守敬还是想出了办法，用他自己的话来说：

> 雇一三套车，老马瘦骡，本不堪长途，又加以久雨泥泞，沿途雇马骡牛帮驾，中途又买一骡，未至(湖北)樊城，骡复毙。每日半夜未能抵站，辛苦万状，幸出都时尚有百金，至樊城已罄

尽，假贷同行者，由襄河展转至沙市而归。

为了运输，竟然把骡子都累死了，可见杨守敬爱书疯狂到了什么程度。

后来的几次在京考试期间，杨守敬仍然在买书，此时他开始大量地购买碑帖，同时为了研究古文字，他也开始买古钱和古印。可能是为了进一步对他所购之品进行研究，他竟然把这些碑帖和古印带到了日本。这个数量很是巨大，仅碑帖拓本就有一万三千多册。他在跟日本书法界人士的交往中，向他们展示了自己的这些收藏，日本人对他的藏品大感兴趣，由此让杨找到了买书钱的来源。他在买书没钱的时候，就用自己带去的这些碑帖、古印换书，用这种办法，成就了自己的购书大愿。

可是日本人为什么愿意拿古书来换他这些碑帖呢？其实这里也有个缘由。日本的书法界受中国影响很深，近千年来，书法的学习主要是通过法帖，也就是所谓的帖学，与之相对的则是碑学。因为乾嘉学派对于古文献的研究，使得金石之学大倡，而书法界可能受学界的影响，开始关注古碑。经过包世臣的提倡，北碑之学渐成书法界的主流。而杨守敬在日本之时，也向日本书法界大讲碑学，经过他的努力，日本书法界的风气，迅速由帖学转为了碑学，日本书法界称之为“杨守敬旋风”。连带的结果，也使得他携带的大量碑帖价值腾升，所以他说：

> 幸所携汉、魏、六朝碑版亦多日本人未见，又古钱、古印为日本人所羡，以有易元，遂盈筐箧。

其实我最好奇的，是杨守敬从未去过日本，那个时代的消息来源，远不如今天这么便利，他何以能够了解到日本书法界的情况？退一步讲，即便他提前了解到了，他所知道的事实，也是日本人还没有接受碑学，那他哪里来的勇气，要带着数量如此之众的碑帖，前往一个无人赏识之地？难道他有必胜的信心，觉得自己能够力挽狂澜地改变一个国家的风气？他真是一个胆大如鸡卵的人。转念一想，他当年用牛车把一整车书千里转运的时候，年仅二十五岁，而他到日本访书的时候，已经四十三岁，虽然增加了一些阅历，但他那勇往直前的性格，却一点儿也没有改变。

但日本人也不傻，没过多久就感觉到，让杨守敬这样疯狂地买下去，很多好书就再也见不到了。更何况，虽然散出来的书很多，但真正的好书永远是少数。经杨守敬的这一番扫荡，市面上的好书，就紧俏了起来，价格迅速攀升，以至于让杨守敬感慨道：

> 余之初来也，书肆于旧版尚不甚珍重。及余购求不已，其国之好事者，遂亦往往出重值而争购之，于是旧本日稀，书估得一嘉靖本，亦视为秘籍，而余力竭矣。

他说当地人本来并不重视古书，经他这一番抢购，让当地人也跟风，致使市面上的好书很快少了下来，而书商哪怕征集到一部嘉靖本，也觉得得到了珍宝，价钱自然可想而知，这让他难以再接着买下去。但杨守敬很是达观，他认为，即使如此，自己的行为也带起了好的风气：

> 然以余一人好尚之笃，使彼国已弃之肉，复登于俎，自今以往，谅不至拉杂而摧烧之矣，则彼之视为奇货，固余所厚望也。

这种“得鱼同一乐，何必我持竿”的达观，真让我十分佩服。

严佐之先生高度概括了杨守敬日本收书的价值所在：

> 杨守敬开了近代学者海外访书活动的先河，沟通了日本藏书界文献信息交流的渠道，拓宽了中国文献研究的视角和范围，并打通了中外学者学术交流的新领域。

对杨守敬的这个举措，早年也有不同的解读，比如1929年4月6日的《申报》上，有一篇名为《记杨守敬报复甲午之役》的文章。作者署名是“觉迷”。文章中说，甲午战争的失败是中国人心中永远挥不去的伤痛，而杨守敬“以彼日人侵略吾主权、侵略我土地，吾以弱国，处以无可奈何，虽于不惜倾其家产，而于无形之中侵略其文化，以为报复地步，是其眼光之远、用心之深，实使吾人钦佩者也”，把访书活动提高到政治高度来解读，甚至能品出民族恨，这位“觉迷”有当政治家的潜质。

杨守敬日本访书的第二大成果，则是《古逸丛书》的刊刻。这部书其实是杨守敬协助清朝驻日本公使黎庶昌所做。可能是受杨守敬的影响，黎庶昌也开始在日本买一些中国失传的古籍。因为所收之书都是孤本，因此黎、杨二人决定，将这些书刊刻出版，以使之化身千百。于是，他们就边访书边在日本寻找水平高的刻工。杨守敬不但有很好的鉴赏力，做事也很认真。

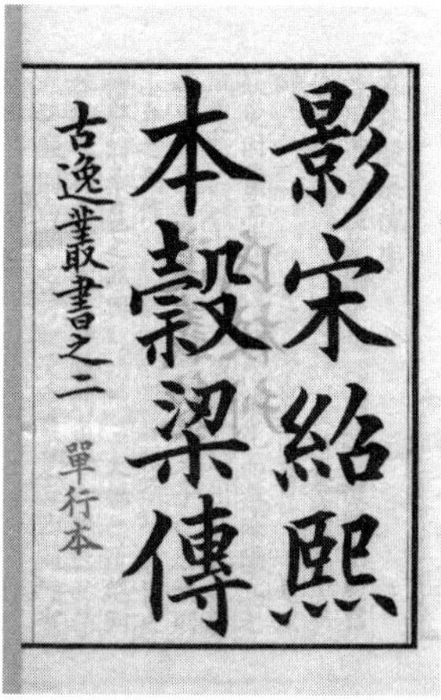
影宋紹熙本穀梁傳
古逸叢書之二 單行本

"古逸丛书本"《谷梁传》书牌

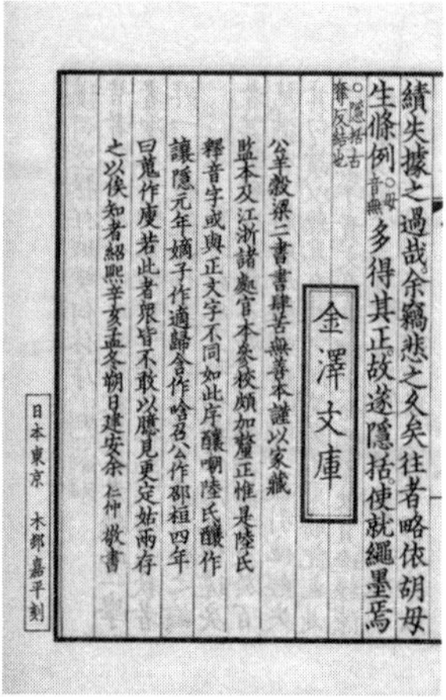
續失據之過哉余竊悲之久矣往者略依胡母生條例多得其正故遂隱括使就繩墨焉

公羊穀梁二書書肆苦無善本謹以家藏監本及江浙諸處官本參校頗加釐正惟是陸氏釋音字或與正文字不同如此序釀嘲陸氏釀作讓隱元年嫡子作適歸含作唅召公作邵桓四年曰蒐作廋若此者衆皆不敢以臆見更定姑兩存之以俟知者紹熙辛亥孟冬朔日建安余仁仲敬書

金澤文庫

日本東京 木邨嘉平刻

《谷梁传》木村嘉平刻书牌记

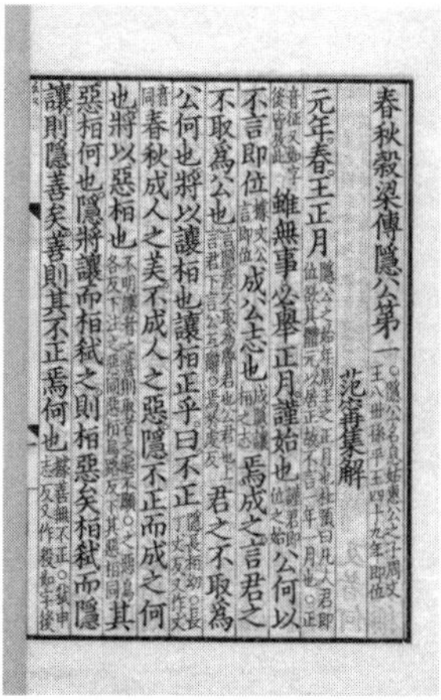
春秋穀梁傳隱公第一　范甯集解

元年春王正月　雖無事必舉正月謹始也　公何以不言即位　成公志也　焉成之言君之不取為公也　君之不取為公何也　將以讓桓也　讓桓正乎　曰不正　春秋成人之美不成人之惡　隱不正而成之何也　將以惡桓也　其惡桓何也　隱將讓而桓弒之則桓惡矣　桓弒而隱讓則隱善矣　善則其不正焉何也

《谷梁传》卷首

在刻书的过程中，他经常到刻工的家里去审查刻版的效果。一般而言，要检查刻版的质量，首先要将版片用纸张刷印出来，通过印样来确定版刻的优劣。但杨守敬却有独特的本领，他检查版样，不用做刷样，直接看木版原片就能分辨出好坏。他的这个本领，让日本刻工有些不服气。某天，刻字店的主人跟杨守敬说，这里摆放着十八张版片，其中有一张是这里十八位刻工中的师傅刻的，你能不能仅看版片，把这张师傅刻的版片挑出来？杨守敬逐一看过之后，果真挑出了师傅所刻的那张。这让在座的刻工们掌声如雷，认为这是神人才能做到的事情，第二天的报纸，也刊载出了这段轶闻。

杨守敬找到的刻书坊是木村嘉平的工坊。木村嘉平五代都是日本的刻版名家，而且每一代都用这同一个名姓，杨守敬找到的则是第四代。木村嘉平所刻之书确实很漂亮，他给杨守敬所刻的几种《古逸丛书》零种，我陆续都已收得初印本，以我的眼光看，其中刊刻最漂亮的，应该是《谷梁传》。多年以前，我第一次到陆昕家看书时，他给我出示的第一部书，竟然也是这部《谷梁传》的美浓纸初印本，于是我二人兴奋地讨论起此刻本的绝妙之处。这种朋友间的慧心，最让人感到惬意。但第四代木村嘉平却年仅二十八岁就意外去世了，这让杨守敬倍感哀伤，专门写了一篇纪念文章，第一段就是：

木村嘉平者，日本梓人第一。余为遵义黎氏刻《古逸丛书》，中有影宋本《谷梁传》，最难措手。乃以属之嘉平，逾年刻成，意出原本上。藩伯寅司寇称为："自有天地以来，未有如此之精者。"

杨守敬的这段评价确实很高，他认为木村嘉平的刊刻水平是日本第一。他同样认为，木村嘉平给他所刊刻的《古逸丛书》中，最出彩的一部是《谷梁传》。他还引用藩祖荫的话来予以评价。而同时代的藏书家叶昌炽也对《古逸丛书》很是夸赞：

摹勒精审，毫发不爽，初印皆用日本皮纸，洁白如玉，墨如点漆，醉心悦目。书成旋即至沪，即以其板付江苏官书局贮之，流通古籍，嘉惠后学。

叶昌炽的赞语说得很到位。这段话的后半部分，说到了《古逸丛书》的书版从日本运回来之后，赠给了江苏官书局，此局又拿这套书版接着刷版发行，以广流传。而今市面所见之《古逸丛书》，基本都是运回国内后刷本，与日本后刷本相比，则版面清晰度相差甚远，据说这是中日两国刷版方式不同而产生的难以令人满意的结果。这些年来，《古逸丛书》零种时有出现在市面上，然美浓之本全套二十六种者，却一次也未曾得见。上拍之全套者，一律为国内后刷者。据说当年在日本用美浓纸所刷初印本，仅一百部。如此少的数量，看来这种初印零本也值得收藏。

杨守敬回国时，把他从日本买得之书全部运了回来。他原本在黄州也建有藏书楼，名叫“邻苏园”。此次回国后，他定居在了武昌的菊湾，并且在此建起了藏书楼，名叫“观海堂”。书楼建成之后，他把邻苏园的旧藏也运到了观海堂内，跟他从日本访回之书放在了一起，因此，菊湾的观海堂应当是杨守敬藏书量最大、质量最高的藏书楼。

1954年，毛泽东跟历史学家吴晗说，他在读史书的时候，总觉得缺乏一本可靠的历史地图集做参考，吴提到了杨守敬的《历代舆地沿革险要图》，毛认为此书很好，让吴想办法将其整理出版。由此可知，杨守敬在舆地学上的成就是多么受人肯定。

我在上初中时，记得语文课本中有一篇古文名叫

《三峡》，出自郦道元的《水经注》。我记得该文第一句是“自三峡七百里中，两岸连山，略无阙处，重岩叠嶂，隐天蔽日，自非亭午夜分，不见曦月”。尤其这句话的最后一节——“亭午夜分，不见曦月”用了一个特殊的修辞手法，名叫“并提”。这是我第一次知道还有这种修辞手法，也正因如此，使我牢牢记住了它。然而自从我关注了杨守敬，他却对我背诵的这段《三峡》有着致命的打击。杨守敬说，《水经注》中最为精彩的这一段——也就是从“自三峡”到“泪沾裳”这段，并不是郦道元所写，而是抄自《荆州记》，该书是南朝宋盛弘所撰。虽然《荆州记》后来失传了，但写三峡的这一段却记载于《太平御览》第五十三卷中。

在不疑处生疑，并且能推翻历史上板上钉钉之事，这真是让人钦佩。对《水经注》的研究，是清代的一大显学，《水经》原文仅一万多字，郦道元给此书做注却超过了原文的二十多倍，说是做注，其实是以《水经》为蓝本，全部改写。而问题是，郦道元是涿州人，涿州就在现在的北京附近，在郦道元的时代，因为南北战争，他无法到南方去核实《水经》中所提河流的实况，所以《水经注》中关于南方河流的描述，大多是郦道元从其他文献中抄录而来，这难免就会产生一些错误。再加上原本四十卷的《水经注》流传到北宋

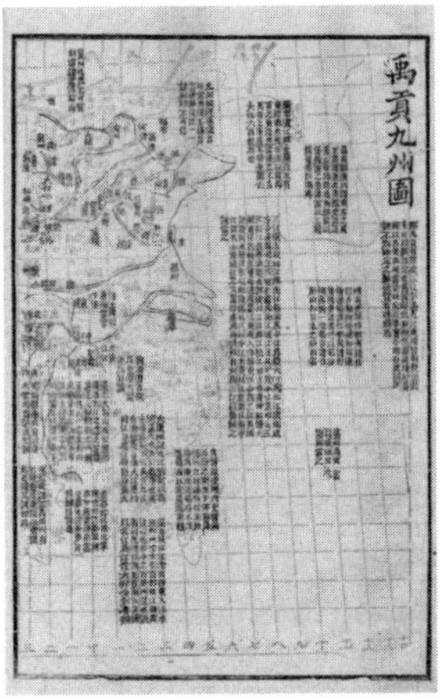

朱墨套印本《历代舆地沿革险要图》

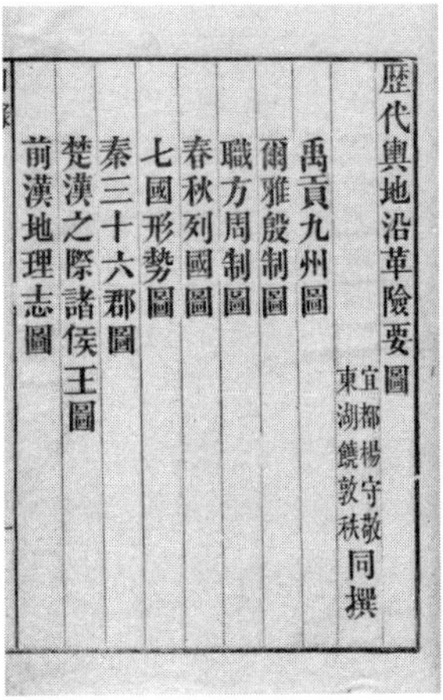

歷代輿地沿革險要圖

宜都楊守敬 東湖饒敦秩 同撰

禹貢九州圖
爾雅殷制圖
職方周制圖
春秋列國圖
七國形勢圖
秦三十六郡圖
楚漢之際諸侯王圖
前漢地理志圖

杨守敬、饶敦秩撰《历代舆地沿革险要图》目录

时，就已缺失了五卷，当时的书商为了凑足四十卷之数，于是就将三十五卷拆分为四十卷。几经折腾，《水经》原文与郦道元的注文混在了一起，难以区分。后世的很多学者为了搞清这部书，下了很大的气力，从明代的朱谋玮到清初的顾炎武、顾祖禹、阎若璩、胡渭。乾隆年间开四库馆时，全祖望、赵一清、戴震等人又对该书进行了仔细的研究，这些研究成果渐渐恢复了《水经注》的原貌。因为有这么多学者的参与，使得研究《水经注》变为了专门的学问，被称为“郦学”。

虽然如此，《水经注》还是有不少的问题存在，故而杨守敬决定下大气力对《水经注》进行彻底的研究，他认为：

> 自全、赵、戴订《水经注》之后，群情翕然，谓无遗蕴。虽有相袭之争，却无雌黄之议。余寻绎有年，颇觉三家皆有得失，非唯脉水之功未至，即考古之力亦疏。往往以修洁之质而漫施手澣者，亦有明明斑疣而失之眉睫者。

杨守敬为了研究《水经》，下了极大的气力，为此他写出了二百多万字的研究成果。可惜的是，这部书直到他去世时都没能发表出来，但他的研究成果却得到了学界的肯定，杨守敬的这部《水经注疏》，被今人誉为中国沿革地理学的高峰，是郦学史上的丰碑。

辛亥革命时，杨守敬为了避免战争的破坏，把观海堂的藏书运到了上海。两年之后，杨守敬来到北京，他的书也一并藏在了北京的北海院内。转年的1915年，杨守敬在北京病逝，观海堂藏书运到北京的这一部分，被教育总长傅增湘以七万元替政府买下，还有一部分归了梁启超所办的松坡图书馆。1949年，松坡图书馆并入北平图书馆，而今这一部分书，藏在了今日的国家图书馆，还有一部分归了故宫博物院图书馆。剩余在武昌的那一部分，在1939年，由杨守敬之子卖给了湖北省图书馆。这就是杨守敬藏书的归宿。

盛宣怀：
愿藏书公诸同好，
惜不见书馆开张

盛宣怀（1844—1916）

盛宣怀是晚清民国时期的一个重要人物，在中国近代史的进程上起着关键作用，被称为中国近代“实业之父”。他不仅是中国近代轮船业、铁路业、矿产业、金融业、教育业及邮电业等多个领域的“第一人”，同时也是中国第一所大学北洋大学堂以及中国第一家近代银行中国通商银行的创办人，是一位通晓“官法”“商业”和“洋务”的全才。关于他的研究，“前人之述备矣”，但我想在此唠叨的，则是关于他的藏书。

盛宣怀字杏荪，一字幼勋，号次沂，又号补楼、愚斋，晚年署止叟，江苏武进人，出身官宦世家，所著有《愚斋存稿》《东游日记》等。盛宣怀发迹跟李鸿章有很大关系。盛宣怀的父亲盛康是进士出身，官当得不小，当过布政使，与李鸿章在官场上的关系很好，正是通过这条线，仅是秀才出身的盛宣怀，成为了李

鸿章的手下。显然，盛宣怀对考试不在行，但聪明绝顶，他仅在李鸿章的手下干了一年，就升到了知府的官级。虽然他不擅长考试，但不等于不会做文章，李鸿章的许多文章都是出自盛宣怀之手:“磨盾草檄，顷刻千言，同官皆联手推服。历练日深，声誉日起。”他这种下笔千言立就的本领，让同僚们都极其佩服，为此李鸿章表扬他说:“志在匡时，坚韧任事，才职敏瞻，堪资大用。”

当然，盛宣怀更大的本领是搞实业。他在清政府里发明了一种“官督商办”的经营模式，在一百多年前，这可是新生事物，受到了不少权贵们的抵制，但有李鸿章这位权倾一时的大员鼎力支持，他的观念还是渐渐地推行了下去。盛宣怀认为:“倘非官为维持，无以创始;若非商为经营，无以持久。”看来只有政府给予政策扶持，才能开创一种新的模式，但是这种模式要坚持下去，那就需要按商业规律来办事。在那个时代，盛宣怀就有这种前瞻性的认识，他不发财都难，以至于他的恩师李鸿章都给予他这样戏谑的评价:“一手官印，一手算盘，亦官亦商，左右逢源。”

但很多事情都要分两方面来说，虽然他左右逢源，但也有马失前蹄的时候。1911 年，盛宣怀任邮传部大臣，这个部门管理着全国的铁路和邮电。在此之前，国内已经通过民间集资，建起了川汉铁路和粤汉铁路，盛宣怀下令将其收为国有，但是由于铁路处于亏损阶段，要想将民间集资修建的铁路变为官办，则需要填补这些窟窿，以及偿还当年入股投资人的资金。这么大的亏空，盛宣怀也难以拿出现金支付，于是他想了一个办法，那就是发行股票，这就等于说，当年投资人一时拿不回自己的投入，而所得仅是一纸空头支票，而这张支票究竟何时或者是能不能兑现，并不确定。这当然引起了众多投资人的不满，于是就爆发了大规模的抗议。事情越闹越大，清政府派端方带兵入川平乱，结果端方被杀。而后不久，藉此产生连锁反应，爆发了武昌起义。事情闹大之后，朝廷为了推卸责任，将盛宣怀撤职，并永不叙用。后来又要进一步追究盛宣怀的责任，于是他一度逃亡到了日本。从这个角度而言，盛宣怀才是真正触发清朝灭亡机关的人。

周退密的《上海近代藏书纪事诗》里有咏盛宣怀：

江南巧宦孰居先？姓氏犹随洋务传。
独有书芸香不断，缤纷花雨散诸天。

盛宣怀早年入李鸿章幕，继而掌管轮船招商局、汉冶萍公司等，官至内阁邮传部大臣，虽然公事繁忙，

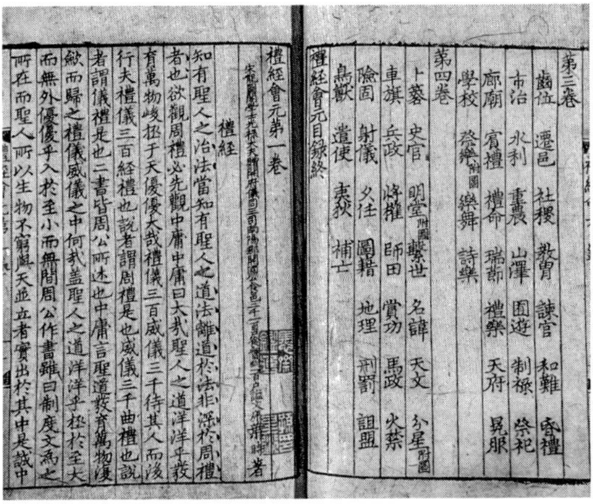
禮經會元第一卷

禮經

知有聖人之治法當知有聖人之道法離道於法非深於周禮
者也欲觀周禮必先觀中庸中庸曰大哉聖人之道洋洋乎發
育萬物峻極于天優優大哉禮儀三百威儀三千待其人而後
行夫禮儀三百經禮也說者謂周禮是也威儀三千曲禮也說
者謂儀禮是也二書皆周公所述也中庸言聖道發育萬物復
歛而歸之禮儀威儀之中何哉蓋聖人之道洋洋乎極於至大
而無外優優乎入於至小而無間周公作書雖曰制度文爲之
所在而聖人所以生物不窮與天並立者實出於其中是誠中

第三卷
齒位 遷邑 社稷 教胄 諫官 和糴 昏禮
市治 水利 畫農 山澤 園遊 制祿 祭祀
廊廟 賓禮 禮命 瑞節 禮樂 天府 冕服
學校 登歌附圖 樂舞 詩樂
第四卷
卜筮 史官 明堂附圖 繫世 名諱 天文 分星附圖
車旗 兵政 將權 師田 賞功 馬政 火禁
險固 射儀 久任 圖籍 地理 刑罰 詛盟
鳥獸 遣使 表狄 補亡
禮經會元目錄終

愚斋旧藏《礼经会元》，书中有盛宣怀制“上海图书馆”书签

但并不阻碍他广收善本，《愚斋图书馆藏书目录》序言中有记：

愚斋公早岁即有纵窥书穴之志；从政余闲，辄喜搜集图书；逮官京曹，收罗益富；最后收得元和灵鹣阁江氏、巴陵碧琳琊馆方氏之书，庋架图籍，已赢十余万卷矣。光绪戊申（1908）赴日本就医，又购得彼邦书籍及翻印吾国之善本及关于财政、医学等书载归，又逾万卷。

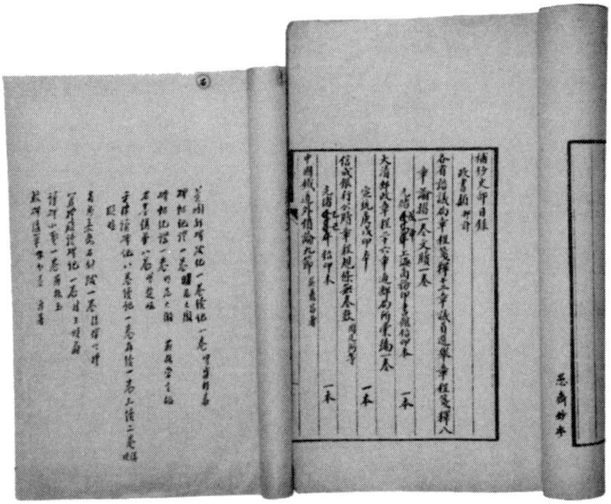

《愚斋书目》手稿

原来晚清大藏书家江标和方功惠的旧藏大多归了盛宣怀，即此可见，其藏书质量确实不低，但盛宣怀并不满足于只购买中国藏家的旧藏，他把自己的购书渠道又延伸到了日本。关于在日本购书一事，他在《东游日记》中有详细记载：

九月十五日，阴，文求堂主人送书来看，经史子集约略具备，选购得数百种，内以钱牧斋选刊杜诗、列朝诗集及明刊管子，仿宋本李太白集数种为最。因是东京各书肆，颇有闻余嗜书者，络绎送观，大可排遣，随阅随购，统计不下千余种。

去日本一趟购书的数量就超过了千部，这可真是个大手笔，而一天之内就买下几百部书，这样的藏书纪录估计少有人能够打破，当然，整份的收购藏书家旧藏除外。

盛宣怀经商的眼光超迈前人，他在藏书方面也同样如此。他在日本所购之书也并不只是中国的古书，他还买下了许多日本人注释中国古籍的著作，同时还有一些日本人的创作。这一类书在他的藏书中，竟有七百多部。直到今天，日本的和刻本除个别品种之外，大多数还是不受中国藏书家所喜爱，最近二十多年，和刻本的价格丝毫没有起色，这跟盛宣怀的眼光比起来，真是差得太远。黄永年先生曾经纠正过我的偏见，指导我买过几部日本和高丽的稀见著作，但囿于偏见，我收藏的域外刻本依然也没有几部。而今和刻本中的稀见品种更不易得，直到这时，我才更加佩服盛宣怀藏书观念的先进。

当时新式的印刷技术已经传入中国，石印与珂罗版印刷都大为普及，但是传统的雕版刻书并没有因此而没落，反而在那一段时间又大放异彩，为今天的藏书爱好者们留下了大量的民国精刻本，这其中也有盛宣怀的一份贡献。他所刻的书中，最著名的是光绪二十年（1894）刻《常州先哲遗书》，为了刊刻这套丛书，他请来缪荃孙主持编辑，要求：

> 毗陵文献佚而无征，亟宜搜罗，仿《湖南文征》收刻成书，拟即发征文公启。尊处必多存件，度里中转不及外省流传之多，或即以国朝为限制，不录前朝文字。

该丛书由当时的刻书名家陶子麟负责剞劂，甫经问世，由于收书去取极严，加之刊刻精良，即刻赢得藏书家们深喜，叶德辉赞其："唯《常州》出自缪艺风老人手定，抉择严谨，刻手亦工。后有作者，当取以为师资矣。"

盛宣怀的藏书观与他的洋务派身份极为相符，认为贻之子孙不如公诸同好，在日本收书时，他就在日记里写下：

> 余志在备将来开办图书馆，公诸同好，与收藏家不同，故和汉新旧，不拘一格。惟山海壤

今後人讀其文者歎其人之不
偶也豈不惜哉因追思往事
而為之序
世愚弟盛宣懷識於滬江旅次

《也依诗草》盛宣怀序言

流，愧无以裨助学界尔。

他为何有这种开放的胸怀？其实细想他在日本的活动，也能找到一些渊源。盛宣怀在日本期间，特意去考察了帝国图书馆，余外，他还去看过一些其他的公立和私立图书馆，这些图书馆现代化的管理方式以及开放胸怀，应当对盛宣怀有较大的影响，为此他下了决心："将来开办图书馆，公诸同好，与收藏家不同。"为了实现开办图书馆的心愿，他与同为藏书家的两江总督端方相约，各自献出藏书，在上海成立“淞滨金石图书院”，将藏书公诸天下，让所有爱书人都能得一观。两人商量好之后，盛宣怀还特意刻了一方印章“贻之子孙不如公诸同好”，此章的章文就表明了他对藏书的态度。但是此章是否钤盖在了他的藏书之上？这一点倒值得探究，因为我所见过的盛宣怀旧藏上，未曾看到过这方章，但这并不影响盛宣怀要把自己的藏书公诸世间的决心。后来端方改变主意，舍不得捐出所藏，盛宣怀在多次催促而无果的情况下，只好独自将此事进行下去。

下定这个决心的原因也跟他的家中变故有一定的关系。宣统元年七月，盛宣怀的儿子昌颐因染病在上海去世了。白发人送黑发人，这件事对盛宣怀当然是个打击：“伤逝茹悲，意兴萧索，乃以治事余闲寄情书画。复甄录载籍，广购遗编，为创立图书馆基础。”这件悲伤事反而让盛宣怀坚定了创建图书馆的决心。宣统元年（1909），他在自己上海住所旁边拨地十余亩，开始构建图书馆。由于端方的退出，图书馆的名称由当初拟定的“淞滨金石图书院”改成了“上海图书馆”。在写给缪荃孙的信中，他说：

愚斋所立上海图书馆现已开工，地十余亩，

> 拟小作邱壑。尊处所拟图样，乞速抄示，以便摹仿。此间已三易稿，尚觉未完备。

但是，盛宣怀所建立的上海图书馆跟今天的同名图书馆完全不是一回事，为了与后来上海市政府所办的公共图书馆有所区别，人们习惯于将盛宣怀所创办的上海图书馆称为“愚斋图书馆”。五六年前，国内的几家拍卖行都陆续出现了夹有“上海市图书馆”签条的旧藏，而书中另有盛宣怀的藏印。原本这样的书让我误以为是愚斋旧藏进入了上海图书馆，而后又因退还等原因流入市场，后来查资料方得知，这跟如今的上海图书馆没有关系。

愚斋图书馆于次年九月落成，朝廷为此特意赏赐“惠周多士”的匾额，盛宣怀又延请缪荃孙代为编纂《愚斋图书馆藏书目录》：

> 秋后拟即开馆，大约阅书室求备不求精。弟勿虑宋元本之少，甚虑种类之不齐耳。都中携回善本亦属无多，且恐缺短，已命五儿即日检送书馆，即乞补入书目为幸。

可惜的是，目录尚未编完，愚斋图书馆还来不及

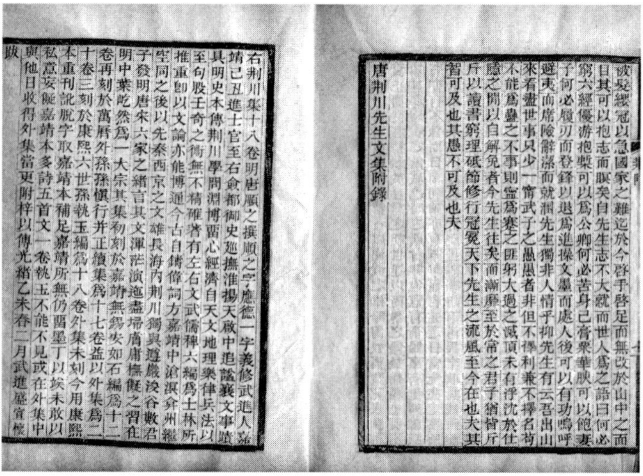
被髮纓冠以急國家之難迄於今啓手啓足而無改於山中之面
目其可以抱志而瞑矣自先生志不大就而世人爲之語曰何必
窮六經優游抱槧可以爲公卿何必苦身已膏粱華腴可以飽妻
子何必履刃而登鋒以退爲進操文墨而處人後可以有功嗚呼
避夷而席險辭潔而就涸先生獨非人情乎抑先生有云吾出山
來看盡世事只少一箇武子之愚愚者非但不擇利兼不擇名苟
不能爲蠱之不事則寧爲蹇之匪躬大過之滅頂未有浮沈於仕
隱之間以自解免者今先生往矣而漸靡至於常之君子猶皆斤
斤以讀書窮理砥節修行冠冕天下先生之流風至今在也夫其
智可及也其愚不可及也夫
唐荆川先生文集附錄

右荆川集十八卷明唐順之撰順之字應德一字義修武進人嘉
靖己丑進士官至右僉都御史巡撫淮揚天啟中追謚襄文事蹟
具明史本傳荆川學問淵博留心經濟自天文地理樂律兵法以
至句股壬奇之術無不精確著有左右文武儒稗六編爲士林所
推重即以文論亦能博通今古自鑄偉詞方嘉靖中滄溟弇州繼
空同之後以先秦西京之文雄長海內荆川獨與遵巖從谷數君
子發明唐宋六家之緒言其文渾浩演迤盡掃膚庸橅擬之習在
明中葉屹然爲一大宗其集初刻於嘉靖無錫安如石編爲十二
卷再刻於萬曆外孫孫愼行并正續集爲十七卷益以外集爲二
十卷三刻於康熙六世孫執玉編爲十八卷外集未刻今用康熙
本重刊訛脱字取嘉靖本補足嘉靖所無仍留墨丁以俟未敢以
私意妄擬嘉靖本多詩五首文一卷執玉不能不見或在外集中
與他日收得外集當更附梓以傳光緒乙未春二月武進盛宣懷
跋

《唐荆川先生文集》盛宣怀跋语

正式开放，盛宣怀就病逝了，图书馆的开张就被搁置下来。盛宣怀故后十六年，发生了政府与盛氏后人合谋争夺分拆其身后慈善资产的“盛氏义庄事件”，导致盛家需要变卖产业，愚斋图书馆也在变卖之列。盛氏义庄本名愚斋义庄，是盛宣怀所建的慈善事业，用来救苦济贫。盛宣怀把他所建的图书馆也划归这个义庄，也许他把图书馆也视为慈善事业。盛宣怀故去之后，这个义庄由他的夫人庄氏管理。1927 年，庄氏也去世了，因为庄氏的去世较为突然，家中的财产未做交代，故而盛家人为分财产而闹到了法庭。江苏省政府将义庄冻结，而后派人来接收，图书馆内的藏书也在接收之列，这个过程使得愚斋所藏受到一些损失。

而后，盛家后人把愚斋藏书全部捐给了民国政府，政府把这批藏书分为三份，分别给了由盛宣怀创办的南洋公学、圣约翰大学，以及山西铭贤学校。其中前两处的归属倒很正常，第三份给了山西的一个私立学校，感觉很奇怪，但是，如果您知道山西铭贤学校的校长就是孔祥熙的大女儿，也就不会觉得意外了。其实愚斋旧藏中的精品部分，并没有在这三份之中，这一部分被家人留了下来，而后整批地卖给了中国书店。中国书店将这批书分售，其中一部分最后卖给了日本的天理图书馆。盛宣怀的藏书有不少是从日本买回，而今转了一圈儿，又回到了日本，真不知让人说什么好。但好在当年中国书店卖出之书也有一部分流入了其他的藏家，经过近百年的辗转，市面上还能得见一些，我也得到了其中的几部，这也算我和盛宣怀藏书的缘分吧。

缪荃孙：雅号“书祖宗”，身后皆流散

缪荃孙（1844—1919）

缪荃孙乃是中国目录版本学史上最著名的人物之一，杜泽逊先生在杨洪升所著《缪荃孙研究》一书的序言中称：

> 光宣之际迄于民初，言藏书，言版本校雠，言目录碑版，当推江阴缪艺风荃孙为大宗。

章钰则直接把缪荃孙称为“书祖宗”（《艺风堂友朋书札》）。即此可见，缪荃孙在目录版本学上的成就，受到了业界的广泛肯定。

2014年底，凤凰出版社出版了大部头的《缪荃孙全集》，这部大书由张廷银、朱玉麒主编，其中“日记”部分是以北大所藏稿本为底本，而后予以点校。虽然这四册本的点校“日记”，仅是缪荃孙十一年间所记，但也有着一百八十多万字的体量。翻看这本“日记”，缪荃孙几乎天天都在跟书打交道，他读书、校书、买书、刻书，一生几乎全跟书有关，难怪在他诞辰一百七十周年之际，国家图书馆特意举办了纪念活动并出版了相关的论文集。

缪荃孙出生于江苏江阴县（今江阴市）申港镇，申港缪氏乃是当地的望族，该族原本祖籍河南，南宋绍兴年间，缪宏毅到南方为官，而后定居于江阴，这一支在当地渐渐发展了起来。缪荃孙的祖父名为缪庭槐，进士出身，曾任平凉府知府；父亲缪焕章是举人出身，当过贵州候补道。这两人是否有藏书之好，史料未曾记载，但缪荃孙在《艺风老人年谱》中写道：

> 荃孙年十二三，住申浦老屋。屋中存书四大橱，读经之暇，即取阅之。诸史杂家，尤所心喜。

缪家有四大橱书，这说明缪荃孙的祖辈和父辈有一定的藏书量，正是这些书让缪荃孙对藏书之事有了感性认识，而后奠定了他在这方面一生的作为。但真正得到版本目录学的门径，则是他考中举人之后的事情。

同治六年，缪荃孙中举，他的座师是广东藏书大家李文田，李对缪特别喜爱——“以目录之学相勖”

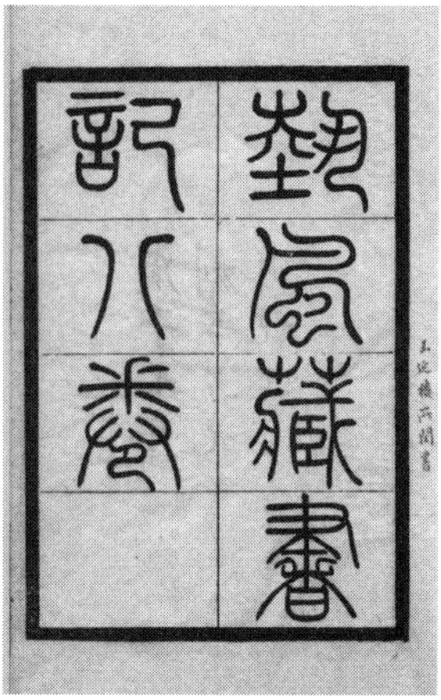

缪荃孙撰《艺风藏书记》八卷，清光绪二十七年刻本，书牌

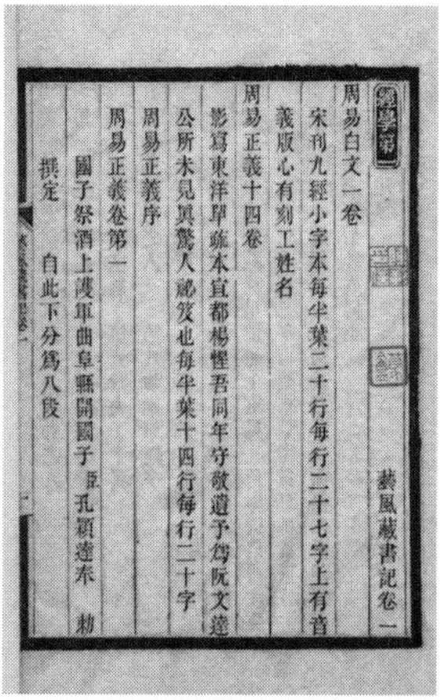

藝風藏書記卷一

周易白文一卷

宋刊九經小字本每半葉二十行每行二十七字上有音

義版心有刻工姓名

周易正義十四卷

影寫東洋單疏本宜都楊惺吾同年守敬遺予刻阮文達

公所未見異鷲人祕笈也每半葉十四行每行二十字

周易正義序

周易正義卷第一

國子祭酒上護軍曲阜縣開國子臣孔穎達奉 勅

撰定 自此下分爲八段

缪荃孙撰《艺风藏书记》八卷，清光绪二十七年刻本，卷首

（缪荃孙撰《书林清话序》）。能够得到名师指导，这当然是人生中的幸事。同治七年，缪荃孙第一次进京参考，在此期间他开始买书，此乃缪荃孙收书之始。光绪元年，他为张之洞起草《书目答问》，自此之后，他的目录版本之学得到了很大的长进。

从代张之洞起草一事，可见张之洞对缪荃孙极其地信任，甚至嫉妒李文田而非自己成了缪的座师，张之洞在给潘祖荫写的信中称：

若农学士使蜀得缪君，使浙得莼客及潘鸿，皆恰不与晚相值，此榜运使然，徒为难羡而已，言之至今耿耿。

张之洞把不能得到缪荃孙这样的弟子称之为“榜运”，虽然有着这样的遗憾，但他却努力地提携缪荃孙，缪在《祭张文襄公文》中写道：

荃孙之于公也，岁癸酉始入谒，至乙亥而及门，捧手以授大义，提耳以领微言。乃眷注之独厚，亦屡呼而屡援。

光绪二年，缪荃孙考中了进士，而后进入翰林院，当时他就想读《永乐大典》，但那时的人不以此为意，反而嘲笑他不好好想着当官，跑去做什么学问。这种境况让缪荃孙很是无奈，但想翻阅《永乐大典》的心思一直没有放弃，这一等就是十年，他才有了机会借读《永乐大典》。而后缪荃孙用了两年多的时间，读了这部大书中的九百册，这使得他对历史典籍有了进一步的认识。

光绪八年，缪荃孙任国史馆修纂，三年之后升为总纂，可是在编书的体例问题上，他与国史馆掌院徐桐发生了矛盾，于是徐借机打击缪，让缪受到了罚俸两年的处分。晚清时期，康、梁提倡新学，而缪荃孙坚持传统的考据之学，为此他跟梁启超发生了书信上的争论。辛亥革命爆发之时，缪荃孙正在京城，之后他就以遗老的身份住在了上海，直至去世。

缪荃孙在上海期间，以其个人魅力影响了很多富人，使得他们也有了藏书之好。《历史文献》第五辑上刊发的《上海图书馆善本题跋选辑》中，收有秦更年的一则题跋，秦在该跋中写道：

> 沪上富人之解藏书刻书，亦皆先生有以倡之，得不谓为书林之德星欤。

看来，缪荃孙是个很有影响力的人，正是在他的感染之下，上海不少的有钱人都开始“富而好礼”。

民国三年，缪荃孙主持了《清史稿》的修纂，王钟翰在《张尔田师谈〈清史稿〉纂修之经过》一文中称：

> 民国三年，开清史馆。赵尔巽为馆长，聘总纂、纂修、协修，先后百数十人，而名誉总纂、纂修、顾问不计焉。馆中执事者，有提调、收掌、校勘等职。是时遗老，有主张修史者，有以

为不当修者，卒之应聘者多。缪荃孙为国史馆总纂前辈，以史事自任，巍然为之魁率。体例未定，建议蜂起。梁启超所言尤繁夥，然多不中义例，卒从荃孙之议，而略加通变。

看来当时梁启超也给《清史稿》的编纂体例提出了很多建议，但他之所言大多未被采用，而缪荃孙的意见则基本上被采纳。以此可见，二人在正统的体例上有着何等的理解差异。

关于缪荃孙的藏书事迹，相应的历史记录很多。他在京期间，常常到琉璃厂去买书，而他到上海办事时也会大量地买书，有时一买就是多部，比如《戊子日记》八月二十五日：

在醉六堂购得全谢山《句余土音》《鲒埼亭诗集》《拜经楼题记》《陵阳小稿》《金石例》《祠部集》《牧庵集》《伊犁总统事略》《泾渠志》《复社姓氏传略》《沙河逸老小稿》十一种，去洋卅元。

这天他在醉六堂买了十一种书，花了三十块大洋。不知那时的书价和个人收入有着怎样的比例，但其买书之豪气，由此可以显见。

从市场上购买版本，当然会涉及鉴定问题，比如《戊子日记》四月二十日所载：

> 二十日辛丑，晴，大风。校《韩集补注》。录阌乡、卢氏金石。幼农来。崇文阁送江氏《尚书集注音疏》来。博文书局送旧刻《汉隶分韵》来。校《奏议》及《曾文正书札》。恒裕送李贵猷、李辉炯、莫小农照来。
>
> 《汉隶分韵》似明翻本。估人因书局有"绍兴乙亥万卷堂镌"，推为宋板，索值甚昂。《拜经楼藏书题跋记》载有宋板、有元板，《提要》云不知撰人姓氏。此书次行有"大宋郭忠恕编次"，然用平水韵，必非宋人所撰，焉得有宋板也！且"大宋某人"，他书无此，决为书估伪托无疑。

在大风天里，缪荃孙在家校书，而后两家书店分别送货上门，其中有一部《汉隶分韵》被书商认定为宋刻本，故而开出了很高的价钱。但缪荃孙却以自己的知识从内容上着眼，认为这部书不可能有宋版。可见，他的鉴定不单纯是闻风望气，他还综合了各种知识，由此而得出最终的答案，来判定某部书真正的版本。

书商出于利益考虑，往往会拔高古书的版本，以此来卖得更高的价钱，藏书人则需要练出鉴别的本领，才能少上当。这样的过招在《艺风老人日记》中比比皆是，比如《乙未日记》三月十六日：

> 陈百年送书三种来看：一，《柳文》半页十三行，明刻本；一，《古今源流至论》前后别续四集，元刻本；一，《文章正宗》，明刻本。售者均以为宋刻也。

这天，书商陈百年送来三部书，其中两部明刻、一部元刻，但陈都说是宋刻本。宋刻与明刻之间差价巨大，而缪荃孙却能轻松地鉴定出真实版本，难怪他的藏书以精湛著称。

缪荃孙一生究竟藏了多少书，没有确切的数字，因为他的书有时是边买边卖，所以没有一部完整的目录流传下来。缪荃孙在《艺风藏书记·缘起》中自称：

> 旧刻、旧钞、《四库》未收之书、名家孤传之稿，共十余万卷。

他在这里仅点出了自己所藏的精善之本，仅这一

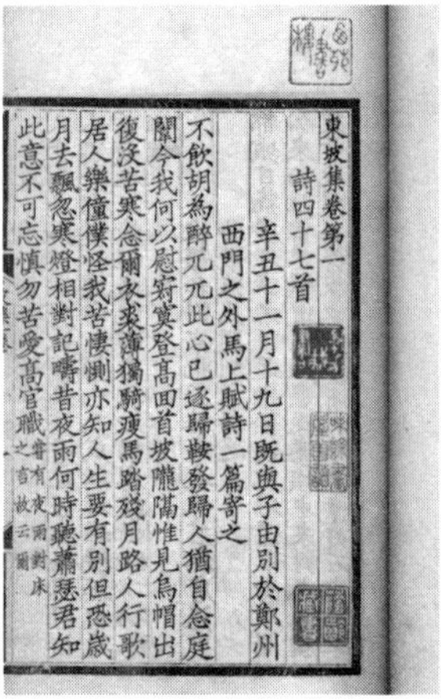

東坡集卷第一

詩四十七首

辛丑十一月十九日既與子由別於鄭州

西門之外馬上賦詩一篇寄之

不飲胡爲醉兀兀此心已逐歸鞍發歸人猶自念庭闈今我何以慰寂寞登高回首坡隴隔惟見烏帽出復沒苦寒念爾衣裘薄獨騎瘦馬踏殘月路人行歌居人樂僮僕怪我苦悽惻亦知人生要有別但恐歲月去飄忽寒燈相對記疇昔夜雨何時聽蕭瑟君知此意不可忘慎勿苦愛高官職 嘗有夜雨對床之言故云爾

缪荃孙刻《东坡七集》一百十一卷，清光绪三十四年至宣统元年端方宝华盦据明成化本影刻本

國朝常州詞錄卷第一

江陰繆荃孫校輯

陳于泰一首 路邁一首 吳洪化一首

毛重倬一首 龔百藥二首 孫自式一首

堵廷棻一首 蔣永修二首 萬廷仕四首

薛信辰一首 董文驥二首 潘瀛選二首

史鑑宗五首 路進二首 張迎禊一首

周季琬五首 曹忱四首 巢震林二首

黃永十首 萬錦雯十三首 任繩隗二首

鄒祗謨十四首 顧岱九首 徐喈鳳十一首

楊大鯤二首

缪荃孙辑《国朝常州词录》三十一卷，清光绪二十二年云自在龛刻本

部分就有十几万卷。一般而言，藏书家大多是普本多、精本少，若以此比例推之，缪荃孙的藏书应该远超此数。

相对而言，对缪氏藏书给出较为明确的数字者，乃是邓之诚，其在《云自在龛随笔序言》中写道：

> 艺风先生与予同为庄氏老少女婿，予自滇出蜀，顺江东下，丁巳秋始贽见于上海。所居在虹口，曰联珠楼，以得宋刊窦氏《联珠集》而名。楼

上下五楹，藏书十一万卷，三万余册，触目皆佳籍也。铭心之品，则置于卧内。

邓之诚跟缪荃孙有着姻亲关系，他们分别娶了庄氏的女儿，用今天的话来说，二人的关系乃是连襟，故邓之所言应该比较准确。邓之诚在上海缪荃孙的家中看到了艺风堂藏书的大体规模，称缪荃孙在上海的藏书楼名为“联珠楼”，而此堂号缘于缪荃孙藏有宋版窦氏《联珠集》，该书被他认为是自己所藏宋版中的最佳之物。

缪荃孙在上海期间因为没有了收入，故很多时候都是靠卖书来维持生活，但他并不回避这一点，《艺风藏书再续记》序言中称：

予自国变，蠖居海隅，佳椠旧抄往往易米。

靠卖书来生活对一个爱书人来说，当然是一种不得已，但毕竟为了活着也只能做这种非所愿之事。

其实，缪荃孙卖书有时也并非单纯是为了换取生活之资，傅增湘在《藏园群书题记》中称：

老人晚岁侨居上海，时鬻去储籍，为刊书之资。

看来，缪荃孙卖书换钱有时乃是为了刻书，因为刻书之资是不小的一笔开支，而缪氏为了将这些珍善之本广为流传，宁可出售自己的藏品，这也需要有壮士断腕的勇气。

但是，古籍善本在某些方面跟古玩有着同等的性质，当藏主需要钱而急着出售藏品时，往往不能卖得好的价钱。民国六年，也就是缪荃孙去世前两年，他拿出自己珍藏的十六种宋元善本准备卖给刘承干。当时这批书先拿到了刘的府上，叶昌炽恰好来到刘家并看到了这批书，叶将此事记载在了《缘督庐日记》民国丁巳年四月十五日这天：

> 赴翰怡之约……主人出宋椠书共赏，《窦氏联珠集》最精，有“顾大有藏”印，又有“百宋一廛”及“荛圃藏书”诸印；钱叔宝手抄《华阳国志》；南宋刻《尚书孔传》，附《释音》，重言重意本。其次赵善璙《自警编》、真西山《大学衍义》，元明间刊本。闻皆艺风老人物，欲归翰怡，而谐价未成也。

这批书中竟然有缪荃孙的镇库之宝——《窦氏联珠集》，而该书乃是黄丕烈“百宋一廛”之一，可见缪荃孙这次卖书下了很大的决心。然而也许如叶昌炽所言，因为价格的原因，刘承干没有买下这部著名的书。到了民国七年，缪荃孙又想将此书出售给丁福保，丁在《畴隐居士自订年谱》中写道：

> 缪筱山先生荃孙出示宋本《窦氏联珠集》一册，此为宋椠精本，其价值千五百元；又出示宋刊《淮南洪烈解》，汉许慎注；宋刊《吕东莱集》、宋刊《李翰林集》、宋刊《新唐书》、宋刊《范文正公集》、明安国活字本《颜鲁公集》、明蜀府活字本《栾城集》、明万玉堂刻本《太玄经》、通津草堂本《论衡》等，皆善本也。

由此可知，缪荃孙将此书给丁福保开价一千五百元大洋，余外还有一些精本，看到这个书目让我陡生羡慕，但不知什么原因，丁福保也未将其买下。

显然，这时的艺风老人有些缺钱，卖书不成，他就将一些书抵押给丁福保，丁在《自订年谱》中写道：

> 缪筱山先生藏书最富，且多善本，一日忽携带宋版《宋文选》、明版王本《史记》等来，质千元而去。

这次的抵押物中没有包括他的镇库之宝——《窦氏联珠集》，这部书哪里去了呢？原来他将此书卖给了林钧。

林钧喜好碑帖，民国初年曾跟随缪荃孙到处访碑，缪荃孙去世后，他买到了一大批艺风堂的旧藏，他在《箧书剩影录自序》中说：

> 辛酉北上，归道淞滨，适值江阴缪氏艺风堂藏书出贳。艺老下世不久，后人弗守，所藏流散。迹其收藏，实为近代巨擘。肆主居奇，索价甚苛，曲尽措筹，以重金收得金石书及四部善本二百五十余种，如获至宝，捆载归舟。

林钧路过上海时正赶上艺风堂的藏书整批出售，于是林买下了一大批。

这些书中是否包括了《窦氏联珠集》呢？其未列出书目，故难以知之，但是他的《箧书剩影录》中却记载了其出售该书时的心情：

> 此本常携行箧，旅沪困于生计，友人作缘质于某处，旋以索债迫切，无法筹偿，踌躇多日，终决割爱，予频失眠，食引痛于衷，于今忆及，

犹有余恨也。

看来，林钧也特别喜爱这部绝妙的宋版书，常年把该书带在身边，可惜因为资金困难，只好将书抵押到某人处，以此来借款，而后无法偿还，只好将该书出售。此书离去之时，林钧痛苦异常。

由此可见，缪荃孙的豁达要比林钧高许多，因为缪在生前就准备将该书卖出，虽然未果，但也没有痛苦万状的记载，缪荃孙曾在《澹生堂藏书记跋语》中写道：

祖、父积累有年，一入子孙之手，无不烟销灰灭，凡收藏家类然。

天下之事真是有聚必有散，缪荃孙对此看得很明白。而有意思的是，当年刘承干可能是嫌价高而未购下这部书，可是林钧再次售出该书时，最终还是到了刘承干的手中，因为此书著录在了《嘉业堂藏书志》卷四。

缪荃孙去世后不到一年，其旧藏就被儿子缪禄保卖了出来。伦明在《辛亥以来藏书纪事诗》中写道：

筱珊先生子寿，名禄保。己未岁，以所藏书售之上海古书流通处，所余抄校本及刻本之罕见者尚不少，并家稿携之入都。十余年来，零售略尽，并先生自撰《五代史方镇表》，亦售与北京大学。

可能是整份出售的原因，缪荃孙的旧藏今日在市面上并不多见，虽然拍卖会上时常能够看到钤有“荃孙”藏印之书，但从书的质量以及钤章墨色来看，这些均为缪荃孙去世后，外人拿到他的藏书印后胡乱钤盖在书上者。因为该印章刊刻精雅，并且在其真本上也有同样的印迹，所以印章并非伪刻，这就是业界所言的“人死章不烂”。

虽然如此，偶尔也能看到一些缪荃孙真正的旧藏之物，而我也陆续买得了数种。最为遗憾的是，我曾在老书商魏广洲家看到一些稀见的唐人写经，魏老先生告诉我，这些经就是他从缪禄保手中买得的。但那些经大多在纸幅上有挖洞的痕迹，魏广洲告诉我，被挖掉的地方乃是绘有彩色的佛像，而他从缪禄保处得到时就已经是这个模样。至于这些被挖之洞是在藏经洞发现时就已经如此，还是被缪禄保所挖，就不得而知了。

被挖了洞的写经看上去怎么都觉得别扭，因此我没有将其买下，魏广洲去世后，这些经就不知所终了，今日想想，未能得到这批特殊的经，也算是一种遗憾。

宋春舫：以戏剧书传世，开藏书票先河

宋春舫（1892—1938）

宋春舫是浙江吴兴人，十三岁中秀才，别署春润庐主人，早年曾留学瑞士，精通多国语言。关于他所通外语的种数，他的孙子宋以朗曾经有过这样的描述：

> 祖父很有语言天赋，会多国语言。对此，我爸爸在纪念祖父逝世两周年的文章《两周年祭》里有提及。根据爸爸文章的说法，我祖父能读，能说，能写的至少有英、法、德、意、西班牙五国语言，能读的至少还有几种。希腊、拉丁都通，而且拉丁曾下过七年苦功。在他四十岁以后，他还开始读俄文，一两年后已经直接看原文了，但他在日语上碰壁，自认失败。因为语言上的便利，他能很容易地看各国剧本的原作，用不着翻译的帮助。

即使他没有学会日语，但我仍然极其佩服他的外语天赋，因为我自己太拙于此道了。但是总结一下，他所精通的语言，基本上都属于拉丁语系，而日语不属于这个系统，这就没能让他学会。其实宋春舫不止是外语好，中文也一样的出色，宋以朗说："当时全校英文第一名是宋子文，而中文第一名是宋春舫。"这样的天赋，只能感叹上帝的偏爱了。

宋春舫二十六岁即被蔡元培聘为北京大学法文教授，还先后做过外交部、财政部秘书和青岛观象台海洋科科长。这是几个看上去毫不相关的行业，聚焦在同一个人身上，多少给人感觉有些传奇；更有甚者，后人对于他最中肯而准确的定位，却又是戏剧家，其所著有《宋春舫戏剧集》《宋春舫论剧》和《褐木庐藏剧目》等。褐木庐是宋春舫位于青岛的藏书楼，主要收藏各国不同版本、不同语言的戏剧类书籍，它同时又是中国第一个私立戏剧图书馆，宋春舫因此被誉为世界三大戏剧藏书家之一。

褐木庐藏书主要以戏剧为主，其名称来源也和戏剧相关，"褐木庐"是 Cormora 的音译，Cormora 是宋春舫喜爱的三位戏剧家的名字缩写，他们分别是高乃依（Cormeille）、莫里哀（Moliere）和拉辛（Ra-CIME）。宋春舫对于戏剧可谓极度痴迷，1912 年他前往欧洲，因为家境富裕，故每晚都去剧院看戏。当时进入戏剧院和歌剧院必须穿晚礼服，于是他就每晚都穿着晚礼服，方便随时进入剧院看戏。他知道自己最终会回到中国，也明白回到中国后，很难再看到这些戏剧，于是他想办法尽可能地把相关书籍都买下来，并且带回中国，最多的一次带了三千多本书回国，这些书最后都汇聚在了青岛。

其实宋春舫回国之后不是直接去了青岛，而是在杭州西湖边建起了住处及藏书楼，在这个阶段，他跟蔡元培有较多的接触。在1924年，也就是他三十二岁时，因为从马上摔下来，导致吐血而伤肺，后来就患上了肺结核，于是他就辞掉所有的职务养病。1928年，时任青岛观象台台长的蒋丙然，邀请宋春舫到青岛避暑度假，当时宋就住在蒋的家里。在聊天时，宋春舫跟蒋丙然说，青岛是海滨城市，应当多展开海洋科学的研究。而宋春舫自己曾写过一篇《海洋学与海洋研究》，发表在上海的《时事新报》上。这篇文章在社会上有一定的影响，而那个阶段，青岛正准备筹建海洋研究机构，于是蒋丙然就在他所管辖的青岛观象台内，设立海洋科，聘请宋春舫做第一任科长，这个机构成为中国现代海洋科学研究的开端。而后，蒋丙然又聘宋春舫为观象台代理台长。正因为这一系列的原因，使得宋春舫从杭州迁居到了青岛，一是因为工作，二也是因为青岛空气好，利于他养病。宋春舫在青岛一直住到1937年抗战全面爆发，在当年年底，他离开青岛，去了上海，不久就病逝了。

我曾在一本杂志上见过褐木庐的黑白老照片，四壁都是高大的书架，上面插满了书籍，中间是一圈沙发，似乎主人刚刚结束一场沙龙，照片下的说明是："青岛褐木庐戏剧图书馆（馆为前北大教授戏剧家宋春舫先生私产，内藏英法德意剧本约三千册，其目录现在尚未有单行本也。）"这张照片不知拍摄于哪一年，但《褐木庐藏剧目》编成于1932年，前有宋春舫自序：

> 予自弱冠西行，听讲名都，探书邻国，尔时所好，尽在戏曲，图府之秘籍，私家之珍本，涉猎所及，殆尽万卷。民国四年，初游法京，入Bibliotheque de L'opera，寝馈其间，三月忘返。民六返沪，择所爱好，挟以俱归。十年再渡，道出德奥，时则大战甫平，币值下降，遂罄囊橐，捆载而东，后因疾疹，并束高阁。近五六载，沪杭平津，奔走往来，不宁其厥处。去岁，斥金四千，始建褐木庐于青岛之滨，聚书其中，今春复辞青市府参事，扃户写目，匝月乃竟。盖

二十年来，辛苦搜求，所获不过三千余册，财力不足，闻见有限，无足怪也，犹幸所藏，尽限一类，范围既隘，择别较易，即此区区，已为难得。以言戏曲，粗备梗要，中土所藏，此或第一，持较法京，才百一耳。

宋春舫在藏书圈闻名的另外一个原因是藏书票，他是中国最早使用藏书票的收藏家之一。他为褐木庐设计的藏书票图案可谓中西合璧，上面部分是中式雕花牌楼，写着“褐木庐”，中间部分是以一本打开的线装书为背景，中间为字母C、B，以“Cormora Bibliophil”寓为“褐木庐藏书”，线装书和字母又印在交叉的两支鹅毛笔中间，西式的笔和中式的书，一起为藏于中国的欧洲书籍做个标记，的确很有意思。我所认识的朋友中，以台湾的吴兴文收藏藏书票最为著名，褐木庐的藏书票，我一枚也未曾得到过，但吴兴文却有十几枚之多，并且他还解读了褐木庐藏书票上编号的含义。吴先生说：

我手头有大约十张他的藏书票，做得很有特点，每个藏书票上还有独特的字母与数字编号，比如一枚上边写的是FP/7181，就是说这本书是

宋春舫的藏书票

法国(F)戏剧(P)类，编号是7181。

吴兄能收到这么多褐木庐的旧藏，恐怕也跟宋春舫藏书的结局有较大的关联，按照宋以朗的说法：

在祖父的最后几年里，他又搬回北京。据我父亲的说法，祖父把褐木庐7000余册藏书中的外文戏剧书都带回北大的一间房子。他以为自己会住一段时间，便在北大里面又盖了一栋房子。我父亲有个表兄叫温之章，常常帮宋家打理事务。他给我父亲写过一封信，大意是说，祖父生前在北京有过协议，将来会把这批书全部捐出。根据一些说法，这批书最后是捐给了当时的燕京大学。

尔后有些书被淘汰出来，流入了旧书店，才让吴兴文等有慧眼者得到。

宋春舫还住在青岛的时候，梁实秋也在青岛，当时在青岛大学任外语系主任，同时兼任青岛大学图书馆馆长。梁实秋当然也是位爱书之人，因为外语好，所以他也收藏了许多国外戏剧资料，尤以莎士比亚研究资料为最。他听说宋春舫所建藏书楼也是以这类书为主，于是就前来一探究竟，看后大为折服。后来梁实秋在《书房》一文中，专门讲到了他对褐木庐的观感：

我看见过的考究的书房当推宋春舫先生的"褐木庐"为第一。在青岛的一个小小的山头上，这书房并不与其寓邸相连，是单独的一栋。环境清幽，只有鸟语花香，没有尘嚣市扰。《太平清话》："李德茂环积坟籍，名目书城。"我想那书城未必能和褐木庐相比。在这里，所有的图书都

No. 52　北京模範牛奶場　第伍拾叁號

今收到

清華學校先生股款國幣肆百元合計肆股

自應由本場填給股票照章分給官利紅利

本場及附股人均須遵照本場定章辦理以

昭信守須至股票者

清華學校收執

總董　宋春舫

中華民國十二年一月　日發給

北京清華園

宋春舫签发的股票

是放在玻璃柜里，柜比人高，但不及栋，我记得藏书是以法文戏剧为主。所有的书都是精装，不全是胶硬粗布，有些是真的小牛皮装订，烫金的字在书脊上排着闪闪发亮……

经过梁实秋的一番形容，真令我羡煞。原来褐木庐的藏书如此的壮丽，可惜我连进去看一眼书架的机会都没有，当然，那些漂亮的书架是否还在原址的楼里，我也并不能确定，但我希望它仍然能安在于此，这就如孔子所说的“祭如在”。

草此文时，正逢癸巳年秋拍，各家图录陆续寄来，时逢古籍拍场的相对低点，也正因如此，拍品质量比以往下降了较多，少有老眼犹明的感觉。我无意间在华夏国拍的图录中看到宋春舫签发的股票，虽然不是他批校的书，但对我这种有佞稿抄校本的藏书癖而言，藏书家的笔墨总能让我心有所动，本欲拍下聊备一格，但看看估价，竟然是一万二到两万五之间，花这么大的价钱买张参考资料，想想觉得自己太过奢侈，一番纠结之后，还是放弃了这个冲动。

郁达夫：
卖文只为买书计，
痛因日寇化劫灰

郁达夫（1896—1945）

李小萍在《论作为藏书家的郁达夫——以福州藏书活动为考察中心》一文中称：

> 郁达夫是我国现代著名作家，同时也是一个卓有成就的藏书家。关于藏书，他曾经有句名言："出卖文章为买书。"写文章是为了买书，这在古今中外的藏书史上也并不多见。

其实从相应的资料来看，郁达夫在年轻时就有藏书之好，朱国才所撰《学海泛舟——浙江名家成才佳话》一文中说：

> 郁达夫中学时期，曾在杭州府中学读过书。他性格内向，不善交际，一心一意读书，学习成绩优异。他把平日节省积聚起来的钱，全花在买

旧书上。每到星期假日，旁的同学三五结伴游西湖去，他一人到丰乐桥、梅花碑等书铺集中的地方，翻阅铺中的各类图书，偶尔捡到自己喜欢的旧书，就掏出钱来买。

看来郁达夫的爱书乃是出于天性，他对书有着一种本能的至爱。对于书籍的价值，郁达夫在《人与书》中总结道：

书本原是人类思想的结晶，也就是启发人类思想的母胎。它产生了人生存在的意义，它供给了知识饥渴的乳料。世界上的大思想家和大发明家，都从书堆中进去，再从书堆中出来。

1913年，任职于北京大理院的郁达夫的长兄郁曼陀到日本去考察，大理院乃是国家最高的司法机构，郁曼陀到日本就是要考察日本的司法制度。于是郁达夫跟着哥哥一同来到日本，想在这里留学。当时中国跟日本有一个协定，那就是凡考取日本所指定的几所学校，就可享受国家官费留学。为了参加考试，郁达夫到达日本后刻苦学习，果真考取了东京第一高等学校，从此开始了十年的日本生活。与他一同考取该校的还有郭沫若。

在日本期间，郁达夫又开始大量地购书，然而这个阶段他却喜欢上了欧美文学，尤其对小说感兴趣，于是见到就买，由此走上了文学之路。1921年郁达夫出版了自己的第一部小说集《沉沦》。

1915年夏，郁达夫被分往名古屋的第八高等学校去学习，他在此学的是医科。到了转年的秋天，郁达夫却改学了文科，发生这样的转变，不单纯是因为个人的偏好。此前不久郁达夫跟哥哥郁曼陀生了一场气，而他学医科原本就是哥哥的建议，为了报复哥哥他放弃了医科的学习，于是又重新从一年级读起。他在上学期间仍然在不停地买书，郁达夫在自传之六《孤独者》中说：

> 在学校里既然成了一个不入伙的孤独的游离分子，我的情感，我的时间与精力，当然只有钻向书本子去的一条出路。于是几个由零用钱里节省下来的仅少的金钱，就做了我的唯一娱乐积买旧书的源头活水。

郁达夫把藏书当成了自己在精神困惑时的最可靠伙伴，这正如宋代大藏书家尤袤所言，“饥读之以当

杭州风雨茅庐故居中关于郁达夫买书故事的展板

肉，寒读之以当裘，孤寂而读之以当友朋，幽忧而读之以当金石琴瑟”。

关于郁达夫的藏书爱好，郑伯奇在《忆创造社》一文中说道：

> 郁达夫喜欢买旧书，特别是外文书。他常引我去逛旧书店；城隍庙里的小铺子，北京路上的旧货摊，我们都去过。有时我们也到虹口外国人开的旧书店去。达夫能讲一口流利的英语，和那

里售书的外国人交谈，好像跟自己人谈家常一样地自由自在。每逛一次，他就要抱一大包书回来。

郁达夫爱好收藏旧书，而他的特别之处则是喜欢外文书，这跟他的语言天赋有很大的关系，其实他不只是英文说起来流利，日文也说得很棒。陆建民在《郁达夫的语言天赋》一文中说，郁达夫除了通晓日语和英语外，对德语和马来语也很精通，这也是他喜欢外文书的基础条件吧。关于他所藏外文书的数量，刘保昌在《郁达夫传》中有如下一段形象的描绘：

令陈翔鹤感到吃惊的是，郁达夫的藏书真多啊。当时，郁达夫的书籍刚刚从日本托运回国，从楼板一直堆到楼顶，整个房间里，除了一张小床之外，满屋子都堆满了书籍，英文版的，法文版的，德文版的，日文版的，什么版本的书都有，真是洋洋大观。

只是线装的中国书很少见，他去问郁达夫："为什么没有中国书啊？"

郁达夫笑一笑，指着自己的肚子，说："中国书都装在这里了！"

的确如此，郁达夫的旧学功底是很深的，仅

他那一手出神入化的旧体诗作，就可以颠倒众生了。从其创作之丰，不难想见其蓄积之厚！

1922年，郁达夫留学毕业归国，转年他到北京大学经济学系任教职，这次又是住在了长兄家中，而他的嫂子陈碧岑对郁达夫也颇为照顾。王观泉所撰《席卷在最后的黑暗中——郁达夫传》一文中说：“据曼陀的女儿、画家郁风回忆，连郁达夫藏书的书柜都是由她的母亲即陈碧岑一手操办，并一直将书保管了十年后，妥善地运到郁达夫在杭州的‘风雨茅庐’。”可见此时的郁达夫藏书量已经很大，以至于嫂子陈碧岑特意给他做了一批书橱。在北京期间，经周作人的介绍，郁达夫结识了鲁迅，两人在以后的岁月中关系很好，而他们之间的调笑，则可以证明郁达夫藏的中文书同样数量很庞大。吴安宁在《且把浮名抛：民国才子往事》一书中讲到了如下一则故事：

有一次，一帮同仁在鲁迅家里聚饮。鲁迅先生讲了一则讥讽和尚的笑话。故事说的是一个老和尚垂死之际，有一桩遗憾使他死难瞑目，就是从来没有看到过女人的私处。弟子们只好花钱雇了一个妓女送到病榻前，老和尚一看，说了“惊天动地”的一句话：哦，原来跟尼姑的一样。这才放心西登极乐。

郁达夫听完这个故事后，从鲁宅一直咯咯不停地笑到自家，就赶忙翻检藏书，查找笑话的来源。郁达夫藏书颇富，达万册以上，居然未能查到出处。

他第二天还老老实实地问鲁迅："迅哥，你那笑话太经典了，哪本书上看到了，我都翻了一夜也没找到。"

鲁迅摇头大笑，说："你真是个书呆子，这个笑话贩夫走卒都能讲。"

这则故事说明郁达夫所藏的中文书数量也在万册以上，那他藏书的具体数量是多少呢？过世杰所编《人生之美：中外名人生活情趣》一书中专有《郁达夫藏书》一文。该文中说道：

俄国作家托尔斯泰藏书二万二千多册，被视为极其丰富的私人藏书。而现代中国文学家郁达夫的藏书更丰富，数量达四万册左右。

郁达夫在浙江杭州"风雨茅庐"里的藏书达三万册，在他新加坡的寓居里藏书达一万册。可

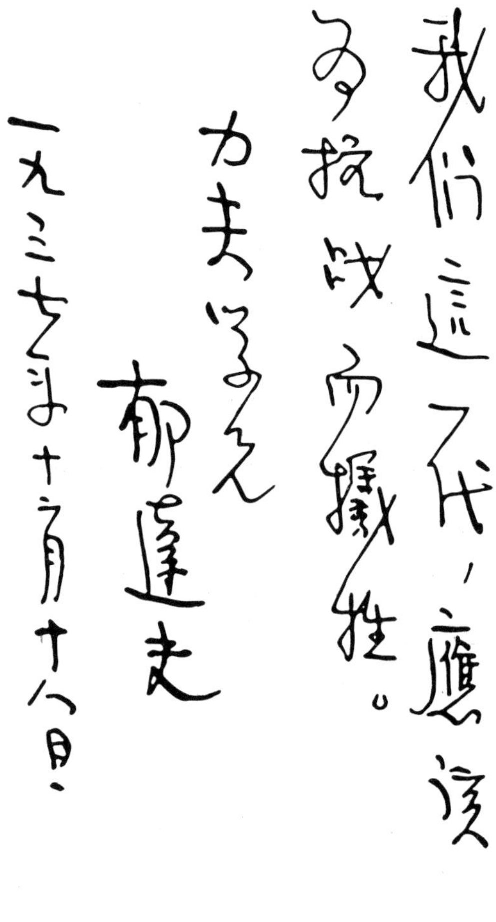
我們這一代，應該為抗戰而犧牲。
力夫寫之
郁達夫
一九三七年十二月十八日

郁达夫手迹

惜两处藏书毁于日寇之手。

然而该书中又有这样一段话：

> 郁达夫一生究竟购买了多少图书？收藏了多少图书？考据学家说法不一。据郁达夫在自己的遗嘱里讲：有藏书五百万卷！但至今这还是个谜，有待研究郁达夫的专家们来揭谜！

五百万卷的藏书量，这太骇人听闻了，如果这个数据所记不错的话，郁达夫堪称中国历史上藏书数量最大的藏书家。但我觉得这个说法恐怕是把郁达夫遗言中所说数字的“零”数错了，因为无论从郁达夫的经济收入还是他的个人表述等方面来分析，他实际所藏都不可能达到这个巨大的数量。

郁达夫一度到福州任职，他在此期间依然不停地买书，他将自己的买书过程都记录在日记里，比如《闽游日记》1936年2月6日郁达夫写道：

> 在大街上买《紫桃轩杂缀》一部、《词苑丛谈》之连史纸印者一部，都系因版子清晰可爱，重买之书。

而转天，他又买了一些书：

自省府出来，更在府西的一条长街上走了半天，看了几家旧书铺，买了四十元左右的书。所买书中，以一部《百名家诗钞》，及一部《知新录》（勿剪王棠氏编）为最得意。

此后的几天只要有闲暇他仍然去买书，比如在这年的3月31日：

归途又买了一部江宁汪士铎的《梅村诗文集》，一部南海谭玉生的《乐志堂诗文略》，都是好书……

由这些记载可以看出，郁达夫在福州期间确实有空就买书，但他买的书却没有什么价钱很高的宋元善本，虽然这些都是中文线装书，郁达夫也自称“都是好书”，但其实这些书都是好书中的“小品”，不属于大价钱的东西。郁达夫在杭州工作期间究竟买了多少书，他在《图书的惨劫》中说道：

杭州沦陷之前，我在福州，当时只带了几部

极简略的书在身边；后来在福州临时添买的古今杂籍到这次南行时止，也有二千余册了，现在尚存在永安的省图书馆内。

普通清刻线装书他总计买到了两千多册，这个数量其实不大。

在福州期间的4月3日，郁达夫在日记中写道：

晨六时起床，即去省立图书馆看了半天书。经济不充裕，想买的书不能买，所感到的痛苦，比肉体上的饥寒，还要难受。而此地的图书馆，收藏又极为简啬：有许多应有的书，也不曾备齐。

看来郁达夫有空也会去图书馆看书，其根本原因如他所言没有那么多钱用来买书。其实对于买书缺钱这件事，郁达夫在《自传之六·孤独者》中也有多次的描写：

那时候的杭州旧书摊，都聚集在丰乐桥、梅花碑的两条直角形的街上，每当星期假日的早晨，我仰卧在床上，计算计算在这一礼拜里可以省下来的金钱，和能够买到的最经济实用的册籍，就先可以得着一种快乐的预感。有时候在书店门口徘徊往复，稽延得久了，都赶不回宿舍来吃午饭，手里夹了书籍上大街羊汤饭店隔壁的小面馆吃一碗清面，心里可以同时感到十分的愤恨与无限的快慰。

以上所记乃是他在杭州时无钱买书的纠结，他是在1933年4月迁居到杭州的。对于这段经历，郁达夫在《移家琐记》中写道：

> 新居在浙江图书馆侧面的一堆土山旁边，虽只东倒西斜的三间旧屋，但比起上海的一楼一底的弄堂洋房来，究竟宽敞得多了……“好得很！好得很！”我心里在想，“前有图书，后有武库，文武之道，备于此矣！”

这显然是以调侃的心态来形容自己的新居，虽然房屋的状态不是很好，但离浙江图书馆很近，这给爱书的郁达夫带来了很多的方便。比如他在1933年8月19日的日记中写道：

午后去图书馆看书报，见有许多国民党的杂志，全在抨击我的近作。

郁达夫到这里查看报纸，看到很多报纸上都在抨击他的作品，他依然能够很淡定，这等肚量让人佩服。虽然有了图书馆可以利用，但郁达夫的藏书癖却不能因此满足，于是他就又开始接着买书，顾志兴先生在《钱塘江藏书与刻书文化》中谈道：

与风雨茅庐相邻近的一带如城站福缘路、新民路（今解放街）书肆甚多，达夫常去福缘路拜经楼旧书店购书，成为该店常客，所购多为诗词集子，每次购书，从不讨价还价，以书后所标价格付款。

郁达夫哪里来这些钱供他大量买书呢？虽然他的所买够不上善本级别，但他的购买数量如此之大，仍然是一笔不小的开支，而其经济来源正如他自称的主要就是靠卖文买书。郁达夫富阳老家的堂屋内曾经挂着他手书的对联："绝交流俗因耽懒，出卖文章为买书。"这就是人们常说郁达夫卖文买书一语的出处，实际上这也是他真实情况的形象描写。比如他在 1932 年

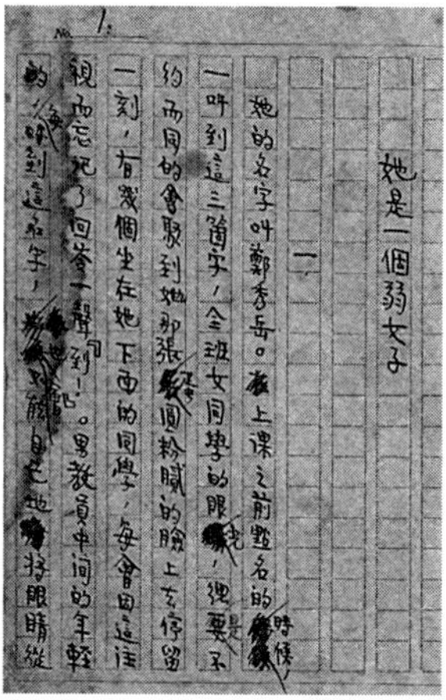
No. 1.

她是一個弱女子

一

她的名字叫鄭秀岳。每上課之前點名的時候，一叫到這三個字，全班女同學的眼光，總要不約而同的會聚到她那張圓粉膩的臉上去停留一刻，有幾個坐在她下面的同學，每會因這注視而忘記了回答一聲「到！」。男教員中间的年輕的，每叫到這名字，[illegible]地[illegible]將眼睛從

《她是一个弱女子》手稿

11 月 10 日给王映霞的信中写道："《弱女子》笔落得卖去，有一千二百元也可以了，最低不得比一千元少。"这里所说的《弱女子》应该就是郁达夫所撰《她是一个弱女子》，当时的版税价格在一千到一千二百元之间，就那个时代的经济收入而言，这可不是一个小数字，以至于这些钱可以供他买书买房。而后郁达夫就在他于杭州买的那块地上建起了自己的藏书楼——风雨茅庐。

对于风雨茅庐的建造情况，郁达夫在《冬余日记》

中有如下描写：

> 官场弄，大约要变成我的永住之地了，因为一所避风雨的茅庐，刚在盖屋栋；不出两月，油漆干后，是要搬去定住的。住屋三间，书室两间，地虽则小，房屋虽则简陋到了万分，但一经自己占有，就也觉得分外的可爱。

能够建起独立的藏书之所应该是每一位藏书人的梦想，郁达夫当然也不例外，可惜的是当日本人占领杭州时，他辛苦建起的这样一份专藏竟然全部被毁掉了。为此郁达夫写了一篇《图书的惨劫》，发表在1939年5月11日新加坡的《星岛日报》上。这篇文章首先讲述了日本侵略者对中国藏书的大破坏：

> 这一次的倭寇掳掠奸淫，则于子女玉帛之外，并文化遗产，也一并被劫去了。我所亲见的藏书家，如山东聊城杨氏之海源阁，常熟瞿氏之铁琴铜剑楼，吴兴刘氏之嘉业堂，宋元旧籍各具数百；明清以下之版本，无虑千万，现在则虽不全部被焚，也都已被敌人劫去。江浙两省，小藏书家比别处更多，藏书及数万卷的人，光在浙西

一隅，亦有数十家以上，次次事起仓卒，大抵都不及搬走，这一笔文化损失的巨账，恐怕要数百年后算得清。

接下来郁达夫又谈到了他个人藏书的损失情况：

我个人之损失而论，在杭州风雨茅庐所藏之中国古籍，当有八九千卷以上。最可惜的，是宋元明以来，及至清末之类书。上自《太平御览》及《广记》起，下至李氏五种，商务、中华之辞书、名人年谱、人名地名辞典止，只从这部分来计算，我的损失要上四五千元。而有许多像同文石印的字类编等，系精装本中尤精者，即使有了钱，一时也收集不到了。

由这段话可知风雨茅庐内所藏中国古籍在一万卷以内，他在这里点到了一些书名，未曾明言这些书的版本，虽然也提到了“宋元明”，但根据上下文来看，他所说的是这些类书的出版年代而非刊刻年代。因此郁达夫究竟藏有怎样的善本，至今仍然无法查到细目。而他藏的中文古籍中也确实有特色之品：

其次，是明末清初的禁书，因欲撰明清之际小说而收集者，共有大小三百余部。更其次，是清初的百名家词钞，及清末道咸以后的词集等，将六百余种。

看来郁达夫对中文古籍的收藏也有着自己的体系，明末清初的禁书是他的专题之一，而这类书在民国年间也是热门专题，价格远高于其他的书。郁达夫解释自己藏这些书的缘由，是他准备撰写明末清初小说的相关著作，为此收到了三百多部这样的禁书。这类书原本留存不多，郁达夫能够收藏到如此大的数量，可见他下了很大的工夫。除此之外，他对清人词集也有着偏好，词集同样也是民国年间的热门专题，郁达夫能够藏到六百多种，他在这方面做出的成绩也不小。

中文书之外，郁达夫的另一个藏书专题当然就是外文书了，他在《图书的惨劫》一文中也讲到了他有哪些好的外文书：

风雨茅庐所藏除上述中国古籍外，尚有英德法日等国的外文原版书两万余册。如英文版的有自乔叟以前的典籍起，至其时尚在世的詹母斯乔斯、物其尼亚乌尔夫、诗人爱利奥脱等止，有关文学的初版著作，十八世纪以前不计，自十九世纪以后印行的各种，所收藏的约有十之八九。德文的全集本，自歌德以前的情歌作者群起，至马里亚利几该止，全部均齐。法文版书有罗曼罗兰、安特来、琪特、去亚美儿等人的著作。其中尚有俄国文学的德译本，自十九世纪以来至肖霍洛夫的《静静的顿河》第二册止，俄国文豪的新旧译本，差不多均全。

可惜的是他辛苦搜集来的这么多宝贝竟然在战争中化为乌有，这让他十分的痛心："即使有了钱，一时也收集不到了。"

1938年底，郁达夫应新加坡《星洲日报》的邀请前往此社任副刊主任，南太平洋战争爆发后新加坡沦陷，郁达夫躲到了荷属苏门答腊，而后他化名赵廉，又留起了胡子，所以有了"赵胡子"这样一个绰号。在此期间他集资开办了"赵豫记酒厂"，对外称是这个酒厂的老板。在这期间郁达夫又开始藏书，张楚琨在《回忆流亡中的郁达夫》一文中写道：

他把宪兵部没收而视为废品的荷兰人、欧洲人的书籍都搬到自己房子来。买书、藏书是他一生最大的嗜好。可是，因为战乱，杭州“风雨茅庐”藏书3万册(遗嘱称50万卷)，新加坡藏书万卷都丧失了。这时突然出现这许多意外的“财富”，他怎不喜形于色呢？他颇为得意地带我上家里参观他的新“财富”：有英文的、德文的、法文的、荷兰文的、印尼文的，整整齐齐摆在极为精致的书柜内。他指着一套精装的英文书给我看：“这是莎士比亚全集，多漂亮的版本！”

可见人的癖好无论遇到怎样的阻挠，一旦有了机会仍然会故态萌生。可惜这样一位极具才气的人物竟然被日本人杀害了。这个世界上少了一位有才气的文学家，而我更为痛心的是中国少了一位真正的爱书人。

郑振铎：书生报国成何计，一腔热血护古籍

郑振铎（1898—1958）

温州市的郑振铎纪念馆位于温州市内老城区沧河巷24号，从外观看，这是一幢典型的民国小洋楼。这座楼在当地被称之为“金宅”，显然是由一位金姓有钱人所建造。当地政府把这幢洋楼保护起来，而后把郑振铎纪念馆安置在了这里。走进金宅，眼前所见首先是前言，其中给郑振铎罗列了一大堆头衔：作家、文学评论家、文学史家、翻译家、文献学家、艺术史家、文物鉴赏家，唯独缺我所想找到的“藏书家”三个字。当然文献学家也能涵盖藏书之事，但藏书史的研究者也可称为文献学家，而郑振铎则是实实在在的藏书大家。他的所藏在其去世后，由北京图书馆冀淑英等先生编了一部目录，仅这些目录就有厚厚的一大函，其藏书规模之大、专题之特别，都足以给他戴上藏书家这顶桂冠。郑振铎纪念馆的前言上没能找到这三个字，也足见藏书家在人们的心目中还是未能有公正的地位。

纪念馆正厅中展陈了不少当代名人对郑振铎的褒奖之语，我留意到署名有故宫博物院院长单霁翔先生和国家图书馆馆长韩永进先生等。单院长在文中讲述了郑振铎对于故宫的贡献，原来郑振铎在当国家文物总局局长时，把一些重要文物调拨给了故宫，同时他在1952年又将自己所珍藏的陶俑全部捐献给故宫。而韩永进先生则讲述了在抗战期间，郑振铎参加了“文献保存同志会”，此会以上海为中心，而后在江浙、北平等地大量收购典籍，极大地阻止了古籍文献的损失与外流。1958年，郑振铎因飞机失事去世后，他的藏书全部由其夫人高君箴及子女遵其遗志捐献给文化部，而后由文化部转交给北京图书馆。

对于郑振铎的藏书之事，我已在几篇文章中多次提及，去年中华书局出版了一本跟郑振铎有关的新作，名为《为国家保存文化——郑振铎抢救珍稀文献书信日记辑录》，本书是由郑振铎研究专家陈福康先生整理而成。其中的有些材料乃是我初次看到，翻阅该书，我最感兴趣的部分乃是当时文献保存同志会几人间的通信。

抗日战争时期，国民政府相关负责人陈立夫、朱家骅与中央图书馆的蒋复璁等人，通过在上海的张元济、张寿镛、何炳松、徐森玉以及郑振铎等人秘密地收购历史典籍。以往我本能地以为他们的工作重点主要是买宋、元刻本以及明、清重要的善本。然而翻看这些通信，却修正了我的错误认定。比如1940年2月4日，郑振铎在给张寿镛的信中写道：

> 菊老意：(一)全集零种，(二)诗文选抄均可缓购，某极同意。惟谓：(三)铅印本，(四)洪杨乱后人之著述，(五)非初印，(六)非极著名诗集均可从缓，则敝意略有不同。盖铅印本不能再印，及今不收，后来搜集更难；洪杨乱后人之著述，有关近代史料，且其板经此劫后，存者极少；又如每书必择初印本，则失去者必多。诗集似可不必大量收藏，然不著名人之诗，亦每每有用。好在价目不大，不妨广收。

郑振铎在此信中首先提到了张元济的购书建议，郑振铎对张的建议有赞同也有反对，但从总体上来看，他们更多关注的是史料价值，而并非把眼光全部停留在善本方面。对于这样的观念，郑振铎在当年8月12日给张寿镛的信中又说过这样的话：

> 曾以数日之力，检阅《书目答问》，将我辈已

褒獎狀

高君箴同志暨其子女鄭小箴鄭爾康同志繼承鄭振鐸同志平生爲文化服務的精神，將其生平收集的中外文圖書全部捐獻國家，除在北京圖書館設立專藏外，對高君箴同志等化私爲公的精神特予表揚並贈紀念此狀

中華人民共和國文化部
部長 沈雁冰

一九五八年十二月五日

文化部颁发给郑振铎家属的藏书捐赠奖状

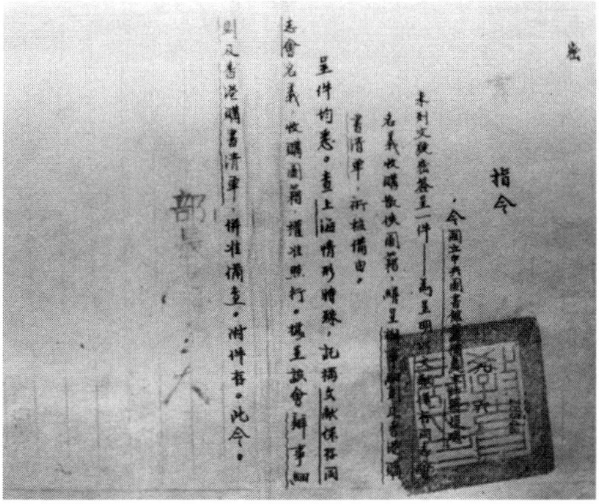

密

指令

令國立中央圖書館[illegible]

[illegible]簽呈一件——為呈明[illegible]名義收購散佚圖籍，暨呈[illegible]書清單，祈核備由。

呈件均悉。查上海情形特殊，託揭文獻保存同志會名義，收購圖籍，擬准照行，據呈該會辦事細則及香港購書清單，併准備查。附件存。此令。

部長 [illegible]

文献保存同志会密令

购之书，就所忆及者作一符记(○)。所缺何种，大抵一望可知(所缺之书，当尚有已购得者，因总目未编就，未能细为标出)，以后加以补充，当不难齐备。惟清儒重要著述，其难得过于明版，价亦极昂。像宋翔凤《浮溪精舍丛书》(此书已购得，在费氏目中)，全数不过十余册，而市价在四五百元左右。沈钦韩《幼学堂集》不过六册，而售价至八百元(燕京购得)，可谓奇矣!

郑振铎秘密收书的方式，竟然是以张之洞的《书目答问》为指南。他在此书上一一做记号，看来是想把《书目答问》所列之书购全，但是有些清中晚期的刻本，尤其内容是关于考据学的，价格都很贵。而他所提到的难得的清刻本还有：

而单刊之清儒著述，若包世荣之《诗礼征文》，苗夔之《毛书韵订》，宋绵初之《韩诗内传征》，赵绍祖之《新旧唐书互证》，丁宗济之《逸周书管笺》等，亦均有可遇而不可求之势。然此类要籍，却又以备齐为上策。盖皆读书者不可少之书也。假以时日，或当不难购得。

郑振铎的这段话也可以作为今日爱书人的购书指南，虽然说现在的风气与晚清民国间有了较大的差异，但想购买到这类经学著作依然很不容易。我也曾经按照《书目答问》所列去买书，虽然张之洞说那些书都是通行本，其实这些书在市面上极其罕见，确实如郑振铎所言，其难得程度超过了不少的明版书。郑振铎为什么要极力主张收这样的典籍呢？他在该信中有如下的明确表述：

> 而在国家图书馆之地位上，亦似以放大眼光广搜群籍为宜也。此项工作，对于自己亦甚有益处，每多一次翻检，于版本、目录之学问便可增进不少。如能以我辈现有之财力，为国家建立一比较完备之图书馆，则于后来之学者至为有利；其功能与劳绩似有过于自行著书立说也。

这正是郑振铎的胸怀所在，他认为替国家买书乃是为了建造一座比较完备的图书馆，而并不是恢复一座古代的藏书楼。正是由于这个出发点，他一直留心着嘉业堂的藏书。1940 年 9 月 1 日，郑振铎给张寿镛的信中说道：

刘氏书与适园书重复者并不多，盖原来收书之目标，二家不同：一着重在史料与实用，而版本书则为附带收下者；一则专门着重在版本书。

郑振铎把嘉业堂的藏书跟张氏适园进行了对比，他认为适园更看重版本，而嘉业堂则偏重于史料。所以他认为："嘉业之书，论版本或不如瞿、杨二家及适园之精，论有用与罕见，则似较此数家为尤足重视。"为此，他详细翻阅了嘉业堂的藏书目录，而后做出了这样的估价：

今日星期无事，细翻嘉业堂善本目，觉得其中好书实在不少。此"目"经月余之选择，从二千七百余部中，选得一千九百余部，约得四分之三弱。此一千九百余种书，即每种以百元计，已近二十万。但其中宋元版书，或不难以四五百至千元一部得之，而稿本部分则万难加以精确之估价。即如《国榷》与翁覃溪《四库提要》稿本，如在坊贾手中，其价均不易谈妥，且恐均非数千金不办。其他类此之书颇亦不少。近得覃溪《纂修四库经过》二册（手稿）价二百元，如此，则《提要》稿凡一百五十册，须一万五千金矣（当然万无此价，姑照比例计之)，即以明刊本部分而言，“方志”一部每每在千金以上。

郑振铎对嘉业堂之书很是看重，尤其他关注其中的稿钞校本，他专门提到了翁方纲的《四库提要》稿本，他觉得此稿很重要，但是价钱肯定不便宜。可能是因为有这样先入为主的心态，所以翁方纲的这批手稿并没有被郑振铎等人买去。几年前，我到澳门参加一个目录版本学研讨会，在主办方的安排下，与会者共同参观了当地的何东图书馆，在该馆内赫然看到了嘉业堂旧藏的这部翁方纲《四库提要》稿本。馆方介绍说，此为本馆的镇库之物。由此可见，当年文献保存同志会出于各种原因，并没有把当时的一些重要文献收购到手。

虽然说郑振铎看重文献的史料性而非文物性，可是当他翻阅嘉业堂所藏宋、元本时，依然大感失望。他在1940年12月27日给张寿镛的信中写道：

今午偕韵秋赴刘宅阅其宋元刊本，约三小时而毕，大失所望！鱼龙混杂，佳品至少，真似披沙拣金；真金极不多见。此批宋元本，盖不过一二万元之价值，万无出价十万元之理。观其书

郑振铎旧藏《元曲选》

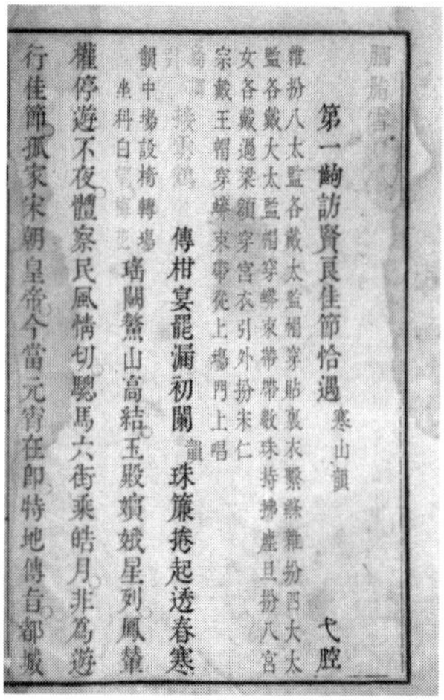

胭脂雪

第一齣訪賢良佳節恰遇 寒山韻 弋腔

雜扮八太監各戴太監帽穿貼裏衣繫縧雜扮四大太監各戴大太監帽穿蟒束帶帶數珠持拂塵旦扮八宮女各戴過梁額穿宮衣引外扮宋仁宗戴王帽穿蟒束帶從上場門上唱

傳柑宴罷漏初闌 韻 珠簾捲起透春寒

場中場設椅轉場坐科白

璚闕鰲山高結玉殿嬪娥星列鳳輦停遊不夜體察民風情切驄馬六街乘皓月非爲遊行佳節孤家宋朝皇帝今當元宵在即特地傳旨都城

郑振铎旧藏《胭脂雪》清内府四色抄本

目，非不唐唐皇皇，按其实际，则断烂伪冒，触目皆真宋本，比较可以入目者不过三五部；元本比较佳者，亦不过五六部耳。

看来，郑振铎也同样想鱼和熊掌能够兼得，他既想买到有价值的史料，同时也希望能收购到上好的宋元版本。他看到嘉业堂剩余的宋元本跟他的期望值相距甚远时，当然大感失望。但即使如此，当他的情绪稳定下来后，依然觉得嘉业堂的所藏还是值得拿到手。

二十天后，他在给张寿镛的信中又说出了这样的想法：

> 刘物则多史料，稿本甚合保存“文献”之目的。即全舍其宋元而取其明刊、抄校亦甚可观。我辈所得，有数大特色：(一)抄校本多而精；(二)史料多，且较专门；如得刘物，则欲纂辑《明史长编》，必可成功；(三)唐诗多，且颇精。并世藏家，恐无足匹敌者。如再得蜀刻及书棚本唐集十余种，明活字本唐集五六十种(近有六十种左右可得)，则重编《全唐诗》之工作，亦大可进行矣。

在郑振铎的观念中，收书不仅是为了保存，同时还要为编纂有价值的典籍做准备，而嘉业堂数量巨大的藏书，恰好具备这个特点。即便如此，他还是觉得能够将文物性和史料性相结合，于是再过十天后，他又向张寿镛讲道：

> 连日偕森公至刘处阅书；明版部分，已阅毕，甚感满意！佳本缤纷，如在山阴道上，应接不暇，大可取也。谨先奉闻，一二日后，当往续阅其抄校本部分。此事如告成，则算我辈大功成

就，殊可休息一下矣。

嘉业堂的明版书被郑振铎挑选一过，由此他认识到，该楼所藏的明版书是何等的有价值，而最终嘉业堂所藏的明版书的精品也的确被文献保存同志会囊括而去。

当年文献保存同志会的工作也冒着很大的风险，因此他们之间的通信都是用化名，可见他们工作环境是何等之恶劣。为此蒋复璁想给该会的人申请一些酬劳，但当他把这个想法告诉郑振铎时，郑振铎却坚决地反对。他在1941年2月26日给蒋复璁的信中明确地表达了自己的观点：

我辈供奔走，略尽微劳，时读异书，多见秘籍，为幸亦已多矣！尚敢自诩其功乎？书生报国，仅能收拾残余，已有惭于前后方人士之喋血杀敌者矣。若竟复以此自诩，而贸然居功取酬，尚能自称为“人”乎？望吾公以“人”视我，不提报酬之事，实为私幸！且政府功令，兼职者不能兼薪。弟任教国立大学，已得国家薪禄，更万无再支额外劳酬之理。如为采购事务，奔走市上，则尽可开支车资，实无按月支领巨额薪酬之必要

郑振铎编《中国版画史图录》函套封面

郑振铎编《中国版画史图录》内页

也。国难未已，分金均宜爱惜，我辈书生至今尚得食国禄，感国恩已深，虽此间生活程度颇高，然量入为出，差足仰养俯育，更不宜乘机取利，肥己肥家。读书养气，所为何事！见利忘义，有类禽兽。良知未泯，国法俱在。务恳吾公成全弟之私“志”，感甚、感甚！

看到这段话，让我更加钦佩郑振铎的胸怀，由此想起了毛泽东在《纪念白求恩》中说的一段话：“一个高尚的人，一个纯粹的人，一个有道德的人，一个脱离了低级趣味的人，一个有益于人民的人。”

出版说明

历经数千年风雨沧桑的中华文化，绵延至今，生生不息，滋养着中华文明的持续发展，也成为当今世界重要的精神资源。

中国国家主席习近平在纪念孔子诞辰2565周年国际学术研讨会暨国际儒学联合会第五届会员大会开幕会上的重要讲话中鲜明指出，中华文明不仅对中国发展产生了深刻影响，而且对人类文明进步做出了重大贡献；强调要认识今天的中国、今天的中国人，就要深入了解中国的文化血脉，准确把握滋养中国人的文化土壤。

当前，我们正逢急剧变化的时代和文明格局，更为迫切需要读懂中华文化的博大精深，建立全面认知自身历史的版图；我们也需要对传统文化进行创造性转化、创新性发展，重新挖掘其被遮蔽和误读的内在价值；我们还需要在不同文化交流和多样文明对话的场域中，有能力充分展现中华文化的精髓和智慧。

由国际儒学联合会发起和支持、活字文化策划组织的这套“中华文化新读”丛书，因此应运而生。

丛书以对中华文化的前沿研究为立足点，汇集各领域当代重要学者的原创成果，以新视野、新维度、新方法阐释传统文化，以鲜活的语言深入浅出地解读我们的历史和思想，大家写小书，国故出新知。是为宗旨。

二〇二一年九月